COMUNIDADES ECLESIALES DE BASE

Experiencia en los Estados Unidos

National Secretariat and Hispanic Teams
Secretariado Nacional y Equipos Hispanos

BASIC ECCLESIAL COMMUNITIES
An experience in the United States

LIGUORI
PUBLICATIONS

One Liguori Drive
Liguori, Missouri 63057
(314) 464-2500

Imprimi Potest:
Edmundo T. Langton, C.SS.R.
Provincial de la provincia de San Luis
Padres Redentoristas

Imprimatur:
+ Juan N. Wurm, S.T.D., Ph.D.
Vicario general de la Archidiócesis de San Luis

© 1980, Publicaciones Liguori
ISBN 0-89243-140-7
Library of Congress Catalog Card Number: 81-80811
Impreso en los Estados Unidos. Printed in U.S.A.

Este material es fruto de la experiencia de miles de comunidades que van brotando entre los hispanos de los Estados Unidos y de tantas mujeres y hombres que han ayudado a esto como *María, Pablo, Anita, Rogelio, Rosa, Ricardo, Dominga, Edgard, Alicia, Mario, Luisa, Frank, Totica, Pepe, Cecilia, Patricio, Gladys, Tony, Carmelita, Virgilio, Teresa, Juan* y miles más que son pioneros.

Jesús dijo: "Vayan y enséñenles a cumplir todo lo que yo les he mandado". (Mateo 28, 20)

El Concilio Vaticano II dijo: "Susciten tales comunidades de fieles . . . que ejerciten las funciones . . . sacerdotal, profética y real". (Decreto sobre las misiones, 15)

Pablo VI dijo: "Estas comunidades . . . serán una esperanza para la Iglesia universal". (Evangelii Nuntiandi, 58)

Juan Pablo II dijo: "Me hace muy feliz renovar la confianza que mi memorable predecesor el Papa Pablo VI quiso manifestar en relación con las Comunidades Eclesiales de Base". (Mensaje a las CEB en Brasil, julio 1980)

El Segundo Encuentro Nacional Hispano de Pastoral dijo: "El Reino de Dios debe iniciarse en comunidades eclesiales pequeñas". (Evangelización, 3) "Recomendamos a los Ordinarios, párrocos y responsables del apostolado hispano que aceleren la formación de estas pequeñas comunidades eclesiales". (Ministerios, 2, d)

INDICE — TABLE OF CONTENTS

1

ORIENTACIONES GENERALES

1. Cuando hablamos de Comunidad Eclesial de Base vamos a escribir CEB.

2. Este libro presenta algunas sugerencias para ayudar, en forma *sencilla* y *popular,* a la edificación de las CEB. Publicaciones posteriores profundizarán más el tema. El presente sirve para dirigir un fin de semana sobre este tema o para participar en él. También es muy útil para ayudar a continuar las reuniones de CEB, para los movimientos apostólicos e inclusive para los alejados.

3. La edificación de las comunidades solamente la hace el Señor. Nosotros colaboramos con El.

4. Este trabajo no es la iniciación a una "organización católica y a sus reglamentos". Es realmente una evangelización y debe ser un PROCESO que debe continuar.

5. Es indispensable que los participantes tomen parte desde el comienzo hasta el fin del trabajo. Asistir por partes impide descubrir el conjunto que forma la comunidad de Jesús. La comunidad primitiva exigía acompañar a Jesús en su totalidad (Hechos 1, 21-22).

6. El estilo, la manera o la pedagogía para este trabajo debe ser de mucha participación. No hay "profesores" ni "alumnos". Hay hermanos en la fe, "facilitadores", mujeres y hombres en búsqueda.

7. Se debe trabajar simultaneamente a tres niveles: persona a persona — pequeños grupos — asamblea general. Por eso es mejor un número limitado (25 a 35) de participantes. Mejor hacer varios trabajos que no uno solo con muchísima gente.

8. Quien habla o quien dirige un ejercicio ojalá siempre escriba los puntos principales delante de los participantes en papeles grandes que pueden ir colocándose en los muros para ayudar a seguir el PROCESO.

9. PROCESO: quiere decir caminar, marchar, avanzar, progresar, crecer. El trabajo de estos días es sólo un comienzo o un momento intensivo. Hay que seguir creciendo y avanzando en profundidad. La finalidad es CONTINUAR EL PROCESO COMUNITARIO DE JESUS.

10. ETAPAS: este proceso tiene sus etapas. Son las indicadas por la vida misma, por el sentido común, por la Biblia, por el Concilio Vaticano II, por la mejor pedagogía: a) se parte de la realidad (cuidado de no copiar realidades ajenas, aunque no nos separemos de ellas); b) la fe ilumina e interpreta esa realidad; c) se llega a compromisos frente a esa realidad.

11. ELEMENTOS: los mismos de la Comunidad de Jesús: a) fraternidad; b) estudio; c) oración; d) proyección a la acción y compromisos.

12. EXTENSION: salir hacia los demás. Sin perder su consistencia de grupo ni su propio proceso, cada comunidad tenderá a comunicar esta realidad a los más alejados.

NOTA: Durante el desarrollo del programa se irá viendo mejor todo.

2

POSIBLES HORARIOS PARA UN TRABAJO DE FIN DE SEMANA

VIERNES

6:30 p.m.	Inscripción — Recepción — Ambiente con cantos	
7:10	Introducción	10 m.
	Distribución de servicios (se explica el por qué)	15 m.
	Ejercicio de relaciones (en su totalidad)	70 m.
	Distribución de nuevos servicios o ministerios	15 m.
	Oración	5 m.
	Evaluaciones	5 m.
	Observaciones prácticas	5 m.
9:15 p.m.	Salida	

SABADO A.M.

9:00	Servicios — Ministerios	15 m.
	Realidad: en general y sus causas principales	65 m.
	Decanso	15 m.
	Realidad prioritaria	15 m.
	DIOS-COMUNION	60 m.

Oración		5 m.
Evaluaciones		5 m.
12:00	Lunch	75 m.

SABADO P.M.

1:15	Servicios — Ministerios	15 m.
Cambio de grupos		10 m.
Ejercicio de relación (en total)		35 m.
Descanso		10 m.
Relaciones comunitarias		20 m.
Primera Comunidad de Jesús (en total)		35 m.
Descanso		15 m.
COMUNIDAD ECLESIAL DE BASE — CEB		60 m.
Descanso		15 m.
Diálogo (sobre todo el día)		25 m.
Oración		5 m.
Evaluaciones		10 m.
5:30	Cena	
7:00	EL GALILEO: contemplación	60 m.
8:00	Fiesta	

DOMINGO A.M.

9:00	Servicios — Ministerios	15 m.
Funciones de la CEB		60 m.
Descanso		15 m.
Ejercicio de relación (en total)		30 m.
Proceso de la primera Comunidad de Jesús		60 m.

Oración	5 m.
Evaluaciones	10 m.
12:15 Lunch	60 m.

DOMINGO P.M.

1:15 Servicios — Ministerios	15 m.
Cómo iniciar y continuar la CEB	30 m.
Diálogo: relación entre la CEB, la parroquia y los movimientos apostólicos	50 m.
Descanso	10 m.
PROYECTOS Y COMPROMISOS (por áreas)	40 m.
(asamblea general)	20 m.
Descanso	10 m.
EUCARISTIA	
5:30 SALIDA EN MARCHA	

3

INTRODUCCION A ESTE TRABAJO

Debe ser breve pero muy clara. Estas ideas se entenderán mejor después con el desarrollo del trabajo.

IDEAS CENTRALES

Esto no es un "curso". Es decir, no venimos sólo a oír ni a aprender "pasivamente". Esto es PARTICIPACION. Todos vamos a participar con gran actividad. Es un trabajo de común-unión, de "comunión". Uno con todos y todos con uno. Nos unirá el interés común de encontrar algo muy especial. Cada uno dará lo mejor que tiene y recibirá de todos. Eso es COMUNIDAD.

Con CREATIVIDAD superaremos nuestra pasividad. Dios nos ha enriquecido con la creatividad, y la misma nos ayudará a tener "imaginación pastoral" (frase de Pablo VI) para descubrir nuevas formas de *hoy* para la comunidad de *siempre*.

Esto es PROCESO. Cada área de este trabajo está relacionada con la anterior y con la siguiente y forma un conjunto unido. La vida, la Biblia, la historia y la humanidad son un proceso. La comunidad es un proceso.

El proceso está compuesto de ELEMENTOS. En fraternidad y oración se descubre la realidad, ésta se ilumina por la fe, y ambas exigen compromisos y acción.

DISTRIBUCION DE SERVICIOS

Este paso es importante para mostrar prácticamente lo dicho sobre la "participación".

ALGUNAS IDEAS PARA MOTIVACION: conviene que desde el comienzo la imagen sea de actividad y de participación. Ayúdese a sentir cómo la comunidad necesita servicios para crecer. En este concepto podemos llamar a estos servicios también "ministerios" en sentido amplio. ¿Cuántos servicios son necesarios? No hay norma fija. Cuantos se vean útiles. Aquí daremos algunos ejemplos. Estos equipos de servicios se deben cambiar en los días siguientes para que todos se ejerciten. Al final de esta sesión se repartirán los otros para los días siguientes.

Este ejercicio puede ayudar como entrenamiento para cuando hagan sus reuniones en las casas. No hay que depender de una o dos personas. La Iglesia-comunidad necesita de todos y de cada uno.

Este primer equipo de servicios puede prepararse antes de la reunión o puede aprovecharse la motivación y en este momento pedir voluntarios.

REALIDAD ←——la ilumina—— FE ——pide——→ ACCION

En Fraternidad y Oración

ALGUNOS EJEMPLOS DE POSIBLES SERVICIOS

Ambiente: Ayuda a la alegría y al descanso, especialmente con la música y el canto. Esto sirve mucho antes de comenzar la sesión, y cuando se regresa de un descanso y se va a comenzar otro trabajo. El ambiente y el canto al final de toda la sesión es muy útil.

Encargado/a del tiempo, o reloj, o cronometrista: Debe indicar el comienzo de la sesión. Después va indicando la fidelidad al horario que se ha fijado, con exactitud, pero simpática y creativamente.

Recepcionistas: Ojalá sean dos o tres. Son como los "dueños de casa". Saludan animadamente. Cuidan de que el local esté siempre listo. Dan información de dónde están los distintos servicios, los salones para grupos de trabajo, las comidas. Están atentos a que siempre esté listo el material (papeles, lápices, proyectores y lo demás) que se va necesitando.

Coordinador/a: Es responsable de que el programa camine y el horario se vaya desarrollando. Está atento a que el equipo cumpla sus servicios. No reemplaza a nadie, pero coordina las acciones. Debe asegurar, antes de la sesión, de que todo está listo y de que cada miembro del equipo va a cumplir su papel. Al comienzo de la sesión, después del ambiente y de los recepcionistas, presenta al equipo, uno a uno y su oficio. Luego lee el horario. Pide la oración a los encargados de ella. Pide al secretario que lea las notas de la sesión anterior (menos cuando es la primera sesión). Y luego da comienzo a los pasos del programa marcado en el horario. Al final de la sesión pide las evaluaciones y el canto final (a los encargados) y da por terminada la sesión. El coordinador ayuda mucho al crecimiento del grupo. Su oficio es animarlo y coordinarlo. Cuide, por tanto, de no ahogarlo. Es un servidor, no un "director", y menos un "presidente ni un dictador". Es un servicio indispensable en las comunidades y participa del oficio de Jesús como constructor de la unidad. El pueblo hispano de los Estados Unidos necesita que todos nos capacitemos como buenos y positivos coordinadores.

Secretario/a: Hace una *pequeña síntesis* de lo sucedido. Lo informa en la sesión siguiente. Debe ser algo *claro* y *breve.*

Evaluador General: Sigue con atención la marcha del grupo, su crecimiento o lentitud, su participación, su creatividad. Al final de la sesión señalará lo observado, especialmente estimulando lo positivo e indicando lo que puede ser mejorado. Este oficio es muy útil a la comunidad para su crecimiento.

Evaluador del equipo de servicios: Pone mucha atención y cariño en la actuación de *cada uno* de sus compañeros de equipo. Al final señala lo observado, en la misma forma que lo hizo el evaluador general, estimulando con sus observaciones.

Otros ministerios: Puede haber todos los que la necesidad y la creatividad indiquen. Los anteriores se pueden variar. Esto es un ejemplo simplemente. Lo importante es que ningún grupo esté dependiente de una sola persona o de pocos. Lo principal es que cada uno de los participantes pierda el miedo, se entrene en el servicio a la comunidad, crezca él mismo ayudando a crecer a la comunidad.

4

RELACIONES INTERPERSONALES

Ejercicio de iniciación

Este ejercicio ayuda a iniciar el proceso de relación interpersonal y de pequeños grupos que hará vivir en estos días el crecimiento comunitario. Además, evita quedarse en "sólo estudio". Descubrir al OTRO es esencial en la comunidad.

ORIENTACION   5 minutos

Vamos a tratar de conocernos unos a otros:

Busquemos a otra persona que no conocemos o que conocemos poco. Preferiblemente mujer con hombre, si es posible.

Vamos a conversar un poco sobre: a) nuestro nombre y algo de nuestra familia; b) algo de nuestros sentimientos — cómo nos sentimos; c) algo de nuestras esperanzas sobre este trabajo.

TRABAJO

1. PERSONA A PERSONA 10 m.

Trabajemos según las indicaciones anteriores.

2. PEQUEÑO GRUPO ( ) 20 m.

Cada pareja se junta con otras parejas para formar un pequeño grupo de cuatro parejas. *Las parejas deben ser las mismas que se formaron en el paso anterior.*
Nombran secretario/a.

Una persona presenta a su compañero/a ante el grupo y dice lo que le oyó, procurando señalar *algo especial* que ayude a que los demás lo/la recuerden. Conviene que cada uno sea llamado sencillamente por su nombre, como lo hacían los apóstoles.

El grupo trabajará en equipo para buscar una esperanza común, resultado de las esperanzas personales.

Finalmente, el grupo escogerá también en equipo un nombre para el grupo. Así se identificará en adelante.

3. PLENARIO o ASAMBLEA GENERAL   30 m.

Ojalá que los grupos permanezcan en sus sitios donde estuvieron trabajando.

El secretario/a de cada grupo presenta a cada uno de sus compañeros. Lo hará con mucho cuidado, ya que esta primera impresión sobre cada participante influye mucho. Los llamará sencillamente por su nombre y dirá *algo especial* que ayude a recordarlos.

Al terminar la presentación dirá el nombre del grupo y su esperanza común.

Será de desear que un secretario/a de plenario (o dos) vaya escribiendo estos nombres y estas esperanzas en un papel visible grande. Estas esperanzas se pueden volver a leer al final de todo el trabajo para evaluar si fueron alcanzadas.

COMPLEMENTACION   5 m.

Hemos cubierto así una etapa muy importante en el proceso comunitario. Hemos dado tres pasos: persona a persona o parejas — pequeño grupo — plenario. La persona debe abrirse al OTRO, — ambos deben abrirse al pequeño grupo y éste debe abrirse a todos. En el nivel general no debe perderse ni el pequeño grupo ni la persona.

Cada uno de nosotros tiene mucha *cera* que nos oculta ante los demás y nos cierra.

Conocernos a nosotros mismos y abrirnos al OTRO, a los demás, es tener una amistad SIN — CERA.

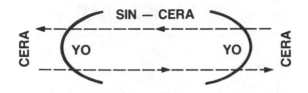

Este proceso de relación que ahora hemos iniciado seguirá desarrollándose en otros ejercicios durante los siguientes días.

CEB del nordeste. CEB in the Northeast.

5

DESCUBRIMIENTO DE LA REALIDAD

Primero tendremos algunas reflexiones fundamentales. Al final propondremos un ejercicio práctico.

1. LA REALIDAD DEBE SER CONOCIDA

Nótese bien que después de lo que hemos hecho sobre las relaciones interpersonales, lo primero que seguimos haciendo es descubrir la realidad. Este orden es muy importante en el proceso. Uno de nuestros más peligrosos defectos es ignorar la realidad o entenderla mal. La realidad no es humilde. Es vengativa. Cuando no se le tiene en cuenta da golpes destructivos.

Uno de los grandes cambios que se están haciendo es éste de conocer la realidad para poder actuar. Nuestra pastoral anterior no se preocupaba mucho por esto. Así fue como se tuvieron muchas y dolorosas sorpresas con errores que aun hoy estamos sufriendo. Por ejemplo, en el caso del amor de los hispanos por su lengua que fue una realidad ignorada por el gobierno de los Estados Unidos y por otros. En lugar de aprovechar este valor, se lo quisieron arrebatar. Se despreciaron a las "abuelitas" hispanas y ellas fueron una de las principales fuerzas en la continuidad de los valores humanos y cristianos del hispano, más que muchos bellos y ricos salones. No se puso atención a los valores hispanos y así la poca evangelización que se les dio fue ella misma artificial. En cambio un norteamericano del siglo pasado, Walt Whitman, escribió en 1883: "Para esa identidad americana del futuro el carácter hispano proveerá algunas de las partes más necesarias. No existe raza que tenga más grandioso pasado en religión, lealtad o en patriotismo, valor, decoro, seriedad y honor".

ALGUNAS RAZONES PARA CONOCER LA REALIDAD ANTES DE ACTUAR

• *Sentido común* porque el médico no da medicinas sin antes haber conocido al enfermo y su enfermedad, ¿cierto?

• *La Biblia* es la *realidad* que Dios ha venido haciendo con su pueblo durante la historia. Dios expresa las grandes verdades por los hechos realizados. La imagen de Dios-Liberador brota de la realidad de la opresión en Egipto: Dios se proclama Libertador en la fuerza del hecho liberador. Por esto, aun hoy, quien no siente la realidad de la opresión no puede descubrir a Dios-Liberador y Salvador.

• *Jesús* enuncia sus grandes verdades en contacto con las realidades de la gente. Muestra una moneda romana y proclama que el César no es Dios, una de sus más atrevidas doctrinas. Jesús es el maestro de "los signos de los tiempos", de entender lo que está sucediendo.

• *El Concilio Vaticano II* también parte de la realidad. Muy claramente lo hace así en el documento central de "Iglesia en el mundo de hoy": La Iglesia hace su reflexión en la fe para iluminar precisamente esa realidad estudiada antes.

• *La pastoral más fiel* al Concilio quiere reencontrar este mismo orden o esta metodología. Así también la más comprometida teología.

• *Los hispanos en los Estados Unidos* queremos ser fieles a esta línea de descubrir qué está sucediendo, de dónde venimos, para dónde vamos, "los signos de los tiempos". Para esto nos estamos reeducando.

2. EXTENSION DE LA REALIDAD

La realidad no está sola. Está en cadena – en tiempo y en espacio.

• *En tiempo.* Si Estados Unidos es "hoy" un país bilingüe por el idioma español es debido a un largo "ayer" cuando humildes mujeres y hombres no permitieron que se les arrebatara su lengua. El hoy está muy unido al ayer, al pasado. Los hispanos débiles que perdieron su lengua también están influenciando el hoy — por su causa este país no fue bilingüe muchos años antes. Y así en todos los aspectos. Igualmente el "hoy" influye en el futuro, en el "mañana". El hoy que hemos visto fue "futuro" en otro "ayer". De esto viene la conciencia histórica de la persona humana. Somos responsables de la historia.

• *En espacio.* Cuando estás mal en el trabajo generalmente llegas mal a la casa y viceversa. Tu persona influye y es influenciada por tu familia, tus parientes, tu vecindad, tu grupo de trabajo y por el grupo religioso. La situación de tu ciudad influye también en tí y tú en ella, lo mismo con el condado, el estado, la región y el país. Hoy esta mutua influencia llega hasta el continente y el mundo entero por los medios de comunicación y por la situación geopolítica de los "polos de poder". Cada mañana y cada noche llega a todos los rincones del planeta la imagen de lo sucedido, sea en la gigantesca ciudad de New York o sea en las calles sin asfalto del pequeño Salvador o de Nigeria. Por su lado, los "polos de poder" centran a toda su periferia en sí mismos y en frente de los otros polos — Estados Unidos, Japón, Europa, Rusia y China, los cinco polos de poder de hoy en el mundo. La crítica audaz de un inconforme sabio ruso es aprovechada por los polos contrarios. La presencia de César Chávez en Estados Unidos pone conciencia ante el mundo de la injusticia de ciertos contratos de trabajo en este poderoso país. El mexicano pobre que cruza la frontera sin documentos en un grito que se lanza a los sistemas económicos y a las mal llevadas relaciones internacionales. El puertorriqueño sencillo que se supera para servir a la comunidad en el Bronx de New York da ánimo con su sola actitud a otros miles de hispanos que queremos a ese gran pueblo. El espacio se va agrandando en su influencia como las olas formadas por una piedra cuando cae en las aguas de un lago. Y de afuera para adentro también.

3. CAMPOS DE LA REALIDAD

La realidad es compleja, abarca todo. Por esto debemos poner atención a los diversos campos. Hay gran relación entre ellos.

• *Lo humano.* Abarca realmente todo, especialmente los aspectos culturales, sociales, históricos, económicos, políticos. En lo cultural está el idioma, las tradiciones, las formas familiares. Todos estos aspectos están íntimamente ligados entre sí.
• *Lo religioso.* Pertenece a lo cultural, pero vale la pena descubrirlo y estudiarlo específicamente. Se refiere a todo el campo de las creencias, las tradiciones religiosas, las

formas de culto popular, las devociones y las celebraciones en las fiestas. Es tan fuerte este aspecto en la gente que supera las formas religiosas oficiales.

• *Lo cristiano*. Se refiere al proceso de la fe cristiana. ¿Hubo evangelización y conversión? ¿Las formas populares fueron asumidas convenientemente en la catequesis y en el culto? ¿Hay serios vacíos en el proceso de fe y sacramento? ¿Las estructuras cristianas son canales de fe en la forma como actúan hoy? Y muchos aspectos más. *Desconocer estos aspectos* hace imposible una seria pastoral.

4. APARIENCIAS Y CAUSAS EN LA REALIDAD: PRIORIDADES

Juan tenía una tos continua. Su madre no le ponía atención. La tos iba en aumento. Por fin la tos era tan fuerte que la madre tuvo que darse cuenta. Rápidamente resolvió el problema: le dio unas pastillas para la tos. Ella misma las compró y su costo fue bajo. El niño se calmó un poco. Le siguió dando las pequeñas pastillitas. El niño a veces mejoraba un poco. Un día el niño tosió y le salió una cantidad enorme de sangre. Su pulmón estaba ya muy malo. Tenía tuberculosis. El mal había avanzado mucho. Una noche se le dio por muerto. Sólo un esfuerzo gigantesco de muchos médicos en emergencia lograron salvarlo, pero estuvo mucho tiempo entre la vida y la muerte y quedó marcado para toda su vida. La enfermedad tenía unos *síntomas o apariencias,* lo que se veía — la tos, la fiebre. Pero tenía principalmente algo más profundo, la *causa* de esa tos y de esa fiebre, tenía el microbio mortal. La madre no puso atención a la realidad. Cuando después le puso atención sólo se fijó en las apariencias. Pensó que cualquier medicina casera era suficiente. Así el mal avanzó peligrosamente. Sólo un esfuerzo sobrehumano logró arrancar de la muerte al niño, pero quedó marcado para siempre.

Así pasa casi siempre con la realidad. No le ponemos atención y el mal va creciendo. Cuando le ponemos atención muchas veces lo hacemos sólo fijándonos en las apariencias, sin llegar a las *causas profundas de por qué está sucediendo esa realidad.* Y los remedios que aplicamos casi siempre son caseros, son inservibles, no llegan a la raíz del problema. Por esto los males crecen y los problemas se agravan.

Buscar las causas no es fácil. Pero es indispensable hacerlo. Sólo así aseguramos las posibles soluciones que llegan a las causas. Estas causas *se entrelazan también unas con otras y tienen mutua influencia* en el tiempo y en el espacio, como reflexionamos arriba. Los sistemas de mercado del siglo pasado influyen hoy en los problemas económicos. El maniqueismo, herejía que señalaba todo lo humano como malo, sigue influyendo, aunque hace mucho que fue condenada. La falta de sacerdotes hispanos en Estados Unidos puede tener una causa religiosa. Pero bien puede estudiarse más profundamente y se puede encontrar una causa cultural e inclusive alguna causa de opresión racial. La solución, en este supuesto, no estaría simplemente en trabajar sobre el aspecto religioso de la vocación sacerdotal. Habría que trabajar también sobre la realidad cultural y sobre los valores raciales. Quince hombres fuertes pueden pasar la vida sacando agua de un salón inundado. Cuando arreglen los dos grandes tubos rotos que son la causa de que el agua entre al salón, entonces hasta unos niños en poco tiempo sacan el agua del salón.

No estamos acostumbrados a buscar las causas. Trabajamos mucho en lo que se va presentando. Nos agotamos y los problemas continúan cada vez peores. Cuando nos quieren reeducar para trabajar según las causas nos impacientamos. Por esto en estos trabajos de Comunidades Eclesiales de Base nos estamos reeducando para obrar según la realidad y según las causas de esa realidad. Es decir, trabajar por PRIORI-DADES. Prioridades son las causas más fuertes, las que están causando muchas otras cosas. Si damos con la raíz, tenemos más de la mitad de la solución en nuestras manos.

5. ESTAMOS HACIENDO HISTORIA

Esta es una frase que recorre todas las comunidades hispanas de los Estados Unidos. Es fruto de esta conciencia histórica que vamos adquiriendo. El ejercicio de comenzar estudiando la realidad antes de actuar nos está ayudando a reeducarnos así. Volvimos a saber lo que Dios dijo en el libro del Eclesiástico (15, 14): "Al principio hizo al hombre y lo dejó en manos de su propia conciencia". El Concilio Vaticano cita esta frase de la Biblia y afirma: "Dios ha querido dejar al hombre en manos de su propia decisión". (Iglesia y mundo, 17)

Estamos redescubriendo causas que nos *impiden* y causas que nos *ayudan* en todos los aspectos culturales, religiosos, sociales, económicos, políticos. Esta concienca histórica nos lleva a tomar más y más responsabilidad. Los hispanos siempre hemos luchado en este país. Pero últimamente, de unos 15 años para acá, lo hemos hecho con más conciencia y más intensidad. Tenemos más gente de base en proceso de concientización responsable y con más evangelización integral. Contamos con más y mejores líderes. Hemos construído acontecimientos de gran influencia como el *Primero* y el *Segundo Encuentro Nacional Hispano de*

Pastoral, cientos de encuentros a otros niveles, se han impulsado miles de reuniones de educación de base, se han renovado visión y contenidos en muchos movimientos apostólicos, han nacido fuertes organizaciones comunales. En todo se va creciendo en la conciencia de que NOSOTROS HACEMOS HISTORIA. Esto, además, se nos facilita porque la mayoría de las cosas que hacemos son las primeras, no se habían hecho antes. Y esto está ayudando no sólo al pueblo hispano, sino a todo el país y a la totalidad de la Iglesia de aquí.

Como expresión de este crecimiento en conciencia histórica vale la pena estudiar el documento de Responsabilidad Política y el de Educación Integral del Segundo Encuentro Nacional Hispano de Pastoral. Este se celebró en Washington, D.C. en agosto de 1977. Fue el fruto de la participación de más de 100,000 hispanos de todo el país, en más de 12,000 pequeños grupos, durante siete meses. Sus conclusiones están publicadas por el Secretariado Nacional de Asuntos Hispanos de la Conferencia de Obispos de Estados Unidos. Es indispensable su conocimiento para entender la vocación histórica del hispano en este país. ESTAMOS HACIENDO HISTORIA. Nos damos cuenta que estamos dentro de uno de los países más influyentes del mundo. Tenemos más responsabilidad, por tanto, que muchos de nuestros hermanos de la misma raza que están viviendo en otros países. Miramos con optimismo el poder de nuestra influencia aquí. Ayer poco podíamos. Pero hoy el Señor nos coloca en situación de responsabilidad. Esto nos exige visión, preparación y organización. HACEMOS HISTORIA.

EJERCICIO PRACTICO

Motivación   5 minutos
  Tal vez dos o tres ideas de lo anterior, expuestas con claridad y convicción.
  Las demás ideas son para reuniones de comunidad.

Realidades Generales   20 m.
  Se nombra un secretario y se trabaja en los mismos grupos anteriores. Cada uno va diciendo los problemas que cree que existen, de cualquier clase. No se discuten. NO HAY QUE DAR SOLUCIONES AHORA. Es una lluvia de ideas. El secretario/a va escribiendo en una hoja grande y en el plenario las va a leer.

  Plenario de información   10 m.

Causas principales
  Explicación (causas)   5 m.
  Trabajo en grupos   20 m.
  Plenario   5 m.
  (c/ grupo informa)
  Descanso   10 m.
  Grandes prioridades   15 m.

En plenario todos escogen las 3 ó 4 grandes prioridades que descubran entre las causas principales que cada grupo ha presentado. El asesor o el coordinador puede dirigir el trabajo, pero todos participan en la búsqueda.

Las 3 ó 4 grandes prioridades de problemas que resulten se escriben en papel grande visible. Al final de todo el trabajo se deben haber encontrado los compromisos de fe frente a esas prioridades. En este primer momento NO deben aparecer soluciones. Antes es necesario pensar esas prioridades a la luz de la fe. Este es el paso que vamos a dar ahora.

CEB del noroeste. CEB in the Northwest.

6

DIOS-COMUNION — RESPUESTA DE LA REVELACION A LA REALIDAD

Las ideas que van a continuación sirven tanto para un trabajo de fin de semana como para profundizarlas después en las reuniones ordinarias de las comunidades. Cuando se utilicen para un fin de semana deben ser entregadas en forma más breve, pero sin dejar ninguno de los puntos sin tratar. Al final se incluye una síntesis que ayuda cuando el tema es tratado por primera vez. Se indicará a los participantes que la profundización de este tema debe ser uno de los puntos centrales en la vida de las comunidades y que aquí encuentran una ayuda. La extensión con la cual este tema es tratado aquí ayudará a la profundidad en reuniones posteriores.

1. EGOISMO, DIVISION

En la etapa anterior hemos descubierto esas tres o cuatro grandes causas, prioridades de nuestra realidad. Todavía podemos profundizar más en cuál es la causa de todo eso. Así podremos enfrentar esos problemas mejor y más eficazmente.

Posiblemente hemos encontrado como una de las grandes causas de nuestros problemas es la falta de unidad y de comunicación dentro de nuestra colectividad. ¿Qué es esto sino división? Y esta división se tiene por el *egoísmo* que hace que cada uno se cierre a los demás y se divida de ellos. Aquí está todo el racismo, la discriminación, las incomprensiones familiares, las guerras, las injusticias, todo lo que padecemos.

A veces también aparece la *falta de educación* como otra gran causa. Precisamente la educación hace que la persona crezca abriéndose a los demás, corrigiendo su egoísmo, disciplinándose contra los instintos que la hacen esclava de sí misma.

No faltan sitios donde otro problema prioritario es la *injusticia;* unos tienen más de lo que deben y otros no tienen casi nada en cuestión de empleos, de derechos humanos, de vivienda, de pan, de vestido. ¿Qué es esto sino separación causada por el egoísmo de personas, de grupos y de naciones? Hay miles y miles de problemas, pero todos son causados porque nos *cerramos los unos a los otros, somos egoístas y nos dividimos.*

2. CREACION EN COMUNION

Ante esta realidad nos debemos preguntar: ¿qué dice nuestra fe sobre esta realidad? ¿Tiene nuestra fe una iluminación y una respuesta? Sobre este problema central de la humanidad y sobre sus consecuencias hay muchas respuestas. Cada sistema, cada ideología, cada religión tiene su respuesta. ¿Qué nos dice la Palabra del Señor sobre este problema tan básico, grave y central?

• *Los seres humanos.* Abramos la Biblia. En el comienzo nos dice: "Dios dijo: 'Hagamos al hombre a nuestra imagen y semejanza. . .' Y creó Dios al hombre a su imagen". (Génesis 1,26) "Después dijo Yavé: 'No es bueno que el hombre esté solo. Haré, pues, un ser semejante a él para que lo ayude'. De la costilla que Yavé había sacado al hombre, formó una mujer y la llevó ante el hombre. Entonces el hombre exclamó: 'Esta sí es huesos de mis huesos y carne de mi carne. Esta será llamada varona porque del varón ha sido tomada'. Por esto el hombre deja a sus padres para unirse a una mujer, y formar con ella un solo ser". (Génesis 2, 18 y 22-25)

Dios nos creó distintos pero de igual valor, uno parte del otro, uno para el otro, en una COMUN-UNION; nos creó diferentes pero iguales, es decir, en COMUNION. La expresión bíblica "hueso de mis huesos y carne de mi carne" es perfecta. Hay una íntima unidad entre los seres humanos. Más allá, inclusive, de la diferencia por sexo que es tan profunda, está la unidad de los seres mismos. Aquí la Biblia no señala únicamente la unidad del matrimonio, sino anteriormente señala la unidad del género humano por encima de todas las diferencias. La unidad no suprime las diferencias. No, al contrario, la unidad, la común-unión, la comunión supone las diferencias. Si no hay diferencias no hay comunión. Pero esas diferencias se unen, no se separan ni se disputan entre sí. Aquí está la clave de toda la creación: todo ha sido creados PARA COMPLETARNOS CON EL *OTRO.* Yo necesito del OTRO en mi mismo ser, y el otro me necesita a mí. Por encima de diferencias de sexo, de raza, de nivel cultural o económico, todos nos necesitamos por el hecho mismo de la creación de nuestra humanidad en comunión.

• *Reino de Dios.* Ese mundo de igualdad, de participación, de fraternidad es el Reino de Dios. Es el reino que El hizo, donde El es el centro, y todos son sus hijos, su familia. Es el reino de amor, de justicia, de paz. Reino interior porque cada corazón debe sentir el amor a Dios y el amor al hermano. Reino social porque todo debe obedece a esa ley de fraternidad entre la humanidad y de amor con Dios.

• *La naturaleza*. No sólo el ser humano ha sido creado en comunión. Toda la naturaleza y todo el universo ha sido creado en unidad. Las estrellas y los *astros* se mueven en la más perfecta unión y coordinación. Ninguno se adelanta a los demás ni se atrasa. El sol sale cuando debe salir, sin segundos de retraso. Todo  el espacio, tan increíblemente inmenso, está regulado por la unidad perfecta.

En la tierra sucede lo mismo con la naturaleza. Nada es simple, sólo Dios. todo lo demás está compuesto. Está compuesto por cosas diversas, pero unidas. Aun donde no hay vida como en los *minerales* hay diversos elementos, distintos, que unidos forman el mineral. El agua, por ejemplo — cada poco de agua está formado por la unidad de miles de gotas. Cada gota, por pequeña que sea, está formada por miles de moléculas. Estas moléculas tan pequeñas a su vez están formadas por los átomos. Y los átomos tampoco son simples sino son el conjunto unido de otros elementos más pequeños. Esta unidad de todo hace que los elementos distintos no se peleen entre sí, sino que se junten. El agua es oxígeno e hidrógeno. Si estos se ponen a pelear entre sí, no sale agua. Si se juntan, sale el agua. Es la maravilla de la comunión.

Así en las *plantas* — de la unión de diversos elementos sale la vida de las otras plantas. Y cada planta es un laboratorio de admirable unidad, donde cada parte depende de otra y la ayuda.

Igual realidad y superior sucede con los *animales* — cada organismo animal es una perfección de unidad, de unión. *La realidad contraria* nos muestra, por contraste, lo maravilloso de la unidad. De la soledad de un ser animal viene el fin de la especie. Del daño del organismo animal viene la desintegración de la muerte. Así también en las plantas. Y si pensamos en la tierra sabemos que bastan unas fracciones de minuto para que un cataclismo acabe con toda una región y deje miles de muertos. En cuanto al átomo, ese elemento tan pequeño de la naturaleza, que no se puede ver a simple vista, ¡su desintegración destruye una ciudad! El gran mensaje de la naturaleza es la unidad, la unión. Todo fue creado así por Dios — diverso pero unido, distinto pero igual.

Principalmente en los seres humanos la común-unión es la obra del Señor Creador. Hombres distintos a las mujeres, pero iguales; diversos, pero de igual valor. Cada uno un ser en sí mismo, pero llamado a unirse a los demás, al OTRO... Cada uno vivo, pero incompleto. Cada uno como una persona, pero necesitada del otro para realizarse y perpetuarse.

3. A IMAGEN DE DIOS-COMUNION

"A imagen de Dios los creó. Macho y hembra los creó". (Génesis 1, 27) Pasaron muchos siglos sin que los seres humanos supieran esta gran realidad de la naturaleza de Dios que Cristo nos reveló: *Dios es COMUNION.* Ningún pensador ni ningún filósofo pudo jamás imaginar esta gran realidad. La naturaleza de Dios es ser comunión. Cristo nos enseño: "Créanme: Yo estoy en el Padre y el Padre está en mí". (Juan 14, 11) "Cuando venga el Defensor que yo les enviaré, y que vendrá del Padre, él dará pruebas a mi favor. Es el Espíritu de la Verdad y que sale del Padre . . . El no vendrá con un mensaje propio sino que les dirá lo que ha escuchado, y les anunciará las cosas futuras. Me glorificará porque recibirá de lo mío para revelárselo a ustedes. Todo lo que tiene el Padre también es mío. Por eso les he dicho que recibirá de lo mío para anunciárselo". (Juan 15, 26 y 16, 13-15) Es una Comunión total, absoluta, perfecta. No hay otra igual. Es una identidad de Comunión en su ser. Su ser es Comunión, común-unión.

Comunión activa. Siendo Dios Comunión, comunica comunión, crea unidad. Por eso toda la creación tiene esa unidad, esa comunión. Por esto creó al ser humano en comunión, mujer y hombre, diferentes pero iguales uno para el otro, incompletos para completarse. Y no sólo hombre con mujer, sino todo ser humano con el otro, todos hermanos, unos con otros. Hay una infinita distancia entre un dios cualquiera, así le digamos creador, y este Dios-Comunión que nos revela a Jesús.

Comunión de amor. No es otra la causa de esa unidad divina: "que el mundo sepa que yo amo al Padre". (Juan 14, 31) "El Padre me ama a mí. . ." "Yo permanezco en el amor de mi Padre". (Juan 15, 9-10) Y este amor comunitario lo comunica el Señor: "Yo los he amado a ustedes como el Padre me ama a mí: permanezcan en mi amor". (Juan 15, 9) Ese amor lo comunicó Dios en su creación. El quiere que éste sea el motivo de la comunión entre las personas. No debe ser un interés simplemente económico, ni cultural, ni político, ni social. Todos estos motivos, que pueden ser lícitos y necesarios, deben tener una causa fundamental de unidad que es el amor — ese amor que Dios ha difundido a la creación desde la misma fuente de su amor divino. Dios es Comunión-amor. Comunión-amor.

Comunión inagotable. Si se agotara dejaría de ser Dios. Su Comunión es infinita por los siglos de los siglos.

Comunión perfecta. Es la única perfecta y todas las demás son imitación de esta Comunión divina. Es la *Koinonía,* una palabra griega (fácil de recordar) que quiere describir un poco esa perfección de la comunidad divina. Es el Ser Divino-Comunión. No hay la menor división. Es la totalidad, la plenitud de una relación íntima del mismo ser de Dios.

A y Z, Alpha y Omega. Principio y fin — El es la causa de toda la creación en Comunión, de El vienen todas las cosas así. El es también el destino, el fin de todas las cosas y de todos los seres humanos. Salen de El en Comunión y deben llegar en Comunión. Esta es la vocación fundamental. Este es el Reino de Dios, como lo reflexionamos más atrás.

Distintivo del Dios de Jesús. Muchos pensadores han llegado a descubrir y a enseñar un dios creador. Está bien. Mas el Dios de Jesús es un Dios-Comunión-Creador de Comunión. No olvidemos esto ni lo confundamos. No hay otro Dios así. Lástima que muchos cristianos se quedan en ese otro dios. Renovemos nuestra visión, nuestra fe, nuestra enseñanza en el DIOS-COMUNION.

4. LA DIVISION

Continuamos nuestra reflexión desde el ángulo de la fe. Hemos vuelto a recibir la revelación de un Dios-Comunión que todo lo ha creado en Comunión. ¿Por qué, entonces, esta realidad que hemos descubierto aquí en nuestra región y en el mundo entero? ¿Por qué esta división, egoísmo, racismo, guerras, injusticias? ¿Por qué existe ahora todo eso?

Esta pregunta es una de las más fundamentales y frecuentes. Diversos sistemas se apresuran a responderla. Hay religiones que intentan dar una respuesta. También hay religiones a las cuales esto no les interesa. Estas religiones son inútiles, despreciables, enfermizas y alienantes. La pregunta es angustiosa.

La Iglesia católica sí se plantea estos interrogantes y con ella estamos siguiendo estos pasos. El Concilio Vaticano II se la plantea: "En nuestros días, el género humano ... se formula con frecuencia preguntas angustiosas sobre el sentido de sus esfuerzos individuales y colectivos, sobre el destino último de las cosas y de la humanidad". "El Concilio ... no puede dar prueba mayor de solidaridad, respeto y amor a toda la familia humana que la de dialogar con ella acerca de todos estos problemas aclarándoselos a la luz del Evangelio y poniendo a disposición del género humano el poder salvador que la Iglesia, conducida por el Espíritu Santo, ha recibido de su fundador". (Iglesia en el mundo, 3) ¿Por qué si Dios nos creó en comunión estamos tan divididos?

CAIN

• *Libertad.* Como ya dijimos, Dios-Comunión tuvo la idea de crear el universo en unidad y con leyes fijas que hacen que esa comunión siga siempre inevitablemente. Cuando creó al ser humano tuvo la misma idea de la Comunión, pero con algo especial. El quería que los seres humanos existieran siempre en Comunión, pero que la realizaran ejerciendo su *voluntad libre.* Quería recibir el homenaje de una humanidad que seguía unida porque entendía ese plan bueno de Dios y libremente lo realizaba. Los seres humanos podían romper ese plan, dividirse si lo deseaban. Pero Dios quería que emplearan esa libertad para vivir en unidad y Comunión, abiertos unos a otros. Sólo Dios se basta a sí mismo. El es totalidad. ¿Qué sucedió?

• *Tentación.* Vino una tentación contra este plan, precisamente en este punto central: desobedezcan esa orden (estar abierto el uno al otro). *Adán y Eva* aceptaron y desobedecieron. Quisieron ser como dioses, bastarse a sí mismos, no necesitar del otro, cerrarse al otro.

• *Pecado.* Adán y Eva cayeron. Ellos usaron su libertad para dividirse y no para vivir en Comunión.

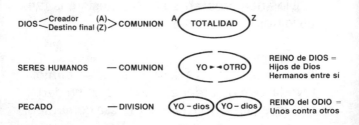

44

Cada uno se cerró al otro, quiso ser como dios, bastarse a sí mismo. Al hacerlo "se dieron cuenta de que estaban desnudos". (Génesis 3, 7) Vieron la desnudez de su ser cerrado, sin el otro, desnudez de falso dios.

• *Fraticido – División.* El caso de Caín en la Biblia es muy explicativo. Había sido creado como HERMANO, pero se cerró a su hermano, no se abrió a él, no le ayudó. En su pensamiento concibió matarlo. Y lo mató. Quiso quedar como dios solo, sin necesitar de nadie, totalidad en sí mismo. (Génesis 4) Caín era HERMANO de Abel. Caín debía ser semejante a Dios completándose con su hermano. Quiso completarse en sí mismo, ser como dios. Lo oprimió al grado máximo: le quitó la vida. Al oprimir al hermano desobedeció al Creador de la fraternidad. ¡Ofendió a Dios al ofender al hermano! ¡Al ofender al hermano ofendió al Creador!

Había una sola ley: amar a Dios y al hermano y a la hermana. Hay un solo pecado: ofender al hermano/a y esto es ofender a Dios. Todo acto bueno está en abrirse a Dios y al hermano/a. Todo acto malo está en cerrarse. Sólo existe el amor y el odio. Todo se resume en esto. Es impresionante cómo la Biblia nos repite varias veces en el mismo capítulo la expresión de que Caín era hermano de Abel. Quiere indicarnos que esa es la realidad: ¡SOMOS HERMANOS! Nadie me es extraño.

Aquí hay varios puntos muy centrales:
— Dios-Comunión creó a todos los seres humanos como hermanos;
— Todo ser humano es mi hermano/a;
— Todo lo bueno o malo que haga a otro se lo hago a un hermano/a;
— Lo que hago a otro (bueno o malo) lo hago a Dios y a su creación);
— Todos los pecados son contra los hermanos/as y contra Dios (son fraticidio y ateísmo en el fondo): simultaneamente son opresión al hermano/a y blasfemia al Señor.

• *Pecado personal y pecado social: Reino del odio.* Lo primero en Caín es un pensamiento — piensa matar a su hermano. Concibe esta idea en su corazón. Es algo *personal interior.* Aceptado este pecado interior, se produce luego la acción. Algo también personal y ya *exterior.* Lo mata.

Pero hay algo más. Desde ese momento queda entronizado en el mundo la opresión al otro, al hermano/a. Desde este momento entra el fraticidio. Aparecerá el huérfano, la viuda, el pobre. Es decir, el hermano/a se cierra a sí mismo y no ayuda al otro. Deja solo al hermano/a, incompleto/a, por eso es huérfano, viuda, pobre. Esta es la DIMENSION SOCIAL DEL PECADO. Vendrán leyes y sistemas y estructuras que harán el Reino de Caín, el reino del odio por la opresión.

Este elemento social del pecado se había

olvidado un poco, no se le ponía mucha atención ni contrición. El Concilio y otros valiosos documentos de la Iglesia nos lo vuelven a poner gravemente ante los ojos.

• *Pecado integral.* Es la misma idea anterior, dicha con otra expresión. Es necesario explicitar que ese pecado contra el hermano no se quedó en el corazón de Caín ni sólo en sus manos (pecado personal interior y exterior), sino que entró en todo, abarcó todo. Abundó en todo. No sólo fue personal, fue también social. Y no fue sólo social, sino también espiritual. Esta dimensión integral, totalizante del pecado, de la división, de la opresión es indispensable para entender la salvación.

• *Opresión fraterna y parcialidad de Dios.* El texto de la Biblia es claro, en Génesis 4, 9-11. Desde el mismo momento cuando el hermano oprime a su hermano y llega hasta quitarle la vida, en ese mismo momento DIOS TOMA PARTIDO por el hermano víctima, por el oprimido, por el pobre: "Yavé dijo a Caín: '¿Dondé está tu hermano Abel? ¿Qué has hecho? La voz de la sangre de tu hermano grita desde la tierra hasta mí. Por lo tanto, maldito serás . . .'" Imposible más claridad. Dios es padre de todos, madre de todos. Pero tiene su preferencia por el oprimido, por el huérfano, la viuda, el pobre. Esa voz continuará después por medio de los profetas: "El pueblo de Israel sufría bajo la esclavitud. Gritaban, y su clamor subió hasta Dios". (Exodo 2, 23) "Yavé dijo: 'He visto la humillación de mi pueblo en Egipto, y he escuchado sus gritos cuando lo maltrataban sus mayordomos. Yo conozco sus sufrimientos. He bajado para librar a mi pueblo de la opresión ...'" (Exodo 3, 7-8)

El salmo 72, 4 dice: "Salvará a los hijos de los pobres; aplastará también a sus verdugos". Y en Zacarías 7, 8-14, Yavé recuerda su ley de cuidar al oprimido, y si no lo hace viene el castigo y dispersa al pueblo que así obra en la opresión: "... sean buenos y compasivos con sus hermanos. No opriman a la viuda ni al huérfano, al extranjero ni al pobre; no anden pensando cómo hacerle mal al otro". Pero ellos endurecieron su corazón, rechazaron los mensajes que Yavé les mandaba por medio de sus profetas. "Yavé se enojó mucho con esto ... los dispersó entre las naciones desconocidas ..." En muchos otros lugares de la Biblia también encontramos este mismo mensaje del favor preferencial de Dios por el oprimido.

• *Opresión fraterna y culto a Dios.* Es impresionante la claridad y la fuerza con que Dios rechaza el culto que le quieren hacer cuando ese culto no está comprometido con la defensa del hermano/a oprimido. El humo del sacrificio de Caín no subía al cielo y su ofrenda le desagradaba a Yavé. (Génesis 4, 3-5) Por medio de Isaías, capítulo 1, Yavé es terrible en este punto: "¿De qué me sirve la multitud de sus sacrificios? . . . ¿Por qué vienen a profanar mi templo? Déjense de traerme ofrendas inútiles; ¡el incienso me causa horror! . . . ¡Ya no soporto más sacrificios ni fiestas! . . . Cuando rezan con las manos extendidas, aparto mis ojos para no verlos; aunque multipliquen sus plegarias, no los escucho, porque hay sangre en sus manos. . . . Alejen de mis ojos sus malas acciones . . . Busquen la justicia, den sus derechos al oprimido, hagan justicia al huérfano y defiendan la viuda". Yavé manda al profeta Jeremías (7) que se pare delante de la puerta del templo y grite que no crean que el templo los salvará: "Más bien mejoren su proceder y sus obras y hagan justicia a todos. Dejen de oprimir al extranjero, al huérfano y a la viuda. No manchen este lugar con sangre de gente asesinada". Nuestro Dios es un Dios del pobre, del oprimido. Salva a todos, pero al opresor no lo salvará si no deja de oprimir. Y no admite culto que esté con la opresión al hermano/a.

• *Caín en nosotros y en la sociedad.* Ahora entendemos el mensaje del Señor frente a tantos problemas que tenemos y que el estudio de la realidad nos ha mostrado. El comienzo de todo mal está en la división con el hermano/a, en cerrarnos al hermano/a. Ese espíritu de Caín sigue en cada uno de nosotros y en la sociedad gritándonos como la serpiente de la tentación: ciérrate a tu hermano/a, enciérrate en tí mismo y serás como Dios, no necesitarás a nadie, te bastarás a tí mismo. Dios, la Biblia, la Iglesia sí tienen una explicación para la existencia de tántos males: el egoísmo que lleva a la libertad a cerrarse en cada uno, dividiéndose de su hermano/a.

• *Una pregunta angustiosa.* Y este mal tan terrible, esta causa tan poderosa, ¿tiene o no tiene remedio?

5. CRISTO SALVADOR LIBERADOR POR LA COMUN-UNION

• *Promesa anunciada.* Dios-Comunión, autor de Comunión, tiene una expresa voluntad de continuar su obra de comunión, a pesar de la división del ser humano. Por eso ya desde la caída de Adán y Eva, El promete una solución: vendrá un descendiente de ellos que aplastará la cabeza del mal. (Génesis 3, 15) Continúa anunciando a ese Salvador, a ese Liberador, por medio de los profetas. Isaías es muy claro y muy esperanzador: "Una rama saldrá del tronco de Jesé, un brote surgirá de sus raíces. Sobre El reposará el Espíritu de Yavé . . . hará justicia a los débiles y dictará sentencias justas a favor de la gente pobre. Su palabra derribará al opresor". (Isaías 11, 1-5)

Ese Liberador vendrá para unir lo que se había dividido: "El lobo habitará con el cordero, el tigre se acostará junto al cabrito, el ternero comerá al lado del león y un niño de pecho pisará el hoyo de la víbora y sobre la cueva de la culebra el pequeñuelo colocará su mano. No cometerán el mal, ni dañarán a su prójimo". (Isaías 11, 6-8) ¡Qué lindas imágenes para señalar la misión clara del Mesías, del Liberador que vendrá a rehacer la comunión que había sido dividida! Tendrá fuerza para liberar a los cautivos bajo el odio: "El Espíritu del Señor Yavé está sobre mí, Yavé me ha elegido. Me ha enviado para anunciar buenas notícas a los humildes, para sanar a los corazones heridos, para anunciar a los desterrados su liberación, y a los preso su vuelta a la luz". (Isaías 61, 1-2)

• *Su vida.* Los ángeles lo anuncian como el Salvador: "Hoy nació para ustedes en la ciudad de David un Salvador que es Cristo Jesús". (Lucas 2, 11) Y da como prueba de su mesianismo liberador su obra de bondad y de liberación: "Vayan a contarle a Juan lo que han visto y oído: . . . se anuncia la Buena Nueva a los pobres". (Lucas 7, 22) En esto es claro, con El o contra El: "Quien no está conmigo, está contra mí, y quien no junta conmigo desparrama". (Lucas 11, 23) Prefiere antes la persona humana que la ley, por eso cura en sábado y dice que la ley es para el hombre y no al contrario. (Lucas 13, 10; Mateo 12, 1-14)

Jesús es el Hijo de Dios, en Comunión con el Padre, que se hizo hombre para liberarnos del pecado de cerrarnos al hermano/a y transformarnos de nuevo en hermanos/as. Es como una nueva creación.

• *Su mandamiento: la común-unión.* "Yo les ordeno esto, que se amen unos a otros". (Juan 15, 17) Quienes odian, lo odian a El y odian a su Padre. (Juan 15, 18-25) Ora para que sigamos unidos: "Padre Santo, guarda en tu nombre a los que me diste: que todos sean uno como nosotros." (Juan 17, 11)

La comunión será la prueba de que Jesús es el Salvador, es Hijo de Dios: "Que todos sean uno como nosotros". (Juan 17, 11) en Tí. Sean también uno en nosotros: así el mundo creerá que tú me has enviado. Esa gloria que me diste, se la dí a ellos para que sean uno como Tú y Yo somos uno. Así seré yo en ellos y tú en mí, y alcanzarán la unión perfecta. Entonces el mundo reconocerá que tú me has enviado, y que a ellos les he dado el mismo amor que a mí me diste". (Juan 17, 21-23) Jesús vino para devolvernos la común-unión, para hacernos pasar del reino del mal y de las tinieblas del odio al REINO DE DIOS, de amor y fraternidad. "Ustedes se despojaron del hombre viejo y de su manera de vivir para revestirse del hombre nuevo, que se va siempre renovando y progresa hacia el conocimiento verdadero, conforme a la imagen de Dios, su Creador. Sopórtense y perdónense unos a otros . . . como el Señor los perdonó, a su vez, hagan lo mismo. Pero por encima de todo tengan el amor, que reúne todo y todo lo hace perfecto". (Colosenses 3, 7-15) "Nos arrancó del poder de las tinieblas y nos trasladó al Reino de su Hijo amado. En él nos encontramos liberados y perdonados". (Colosenses 1, 13-14; 1 Tesalonicenses, 5)

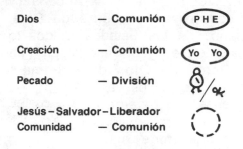

Dios	— Comunión
Creación	— Comunión
Pecado	— División
Jesús – Salvador – Liberador	
Comunidad	— Comunión

● *Comunión y Liberación integral.* Recordemos que la división fue integral, es decir, tanto fue personal (interior como exteriormente) como también social. Igualmente es la obra de Jesús, de dimensión integral: sana la división interna del corazón y sus obras de egoísmo *(una liberación personal y espiritual)* e igualmente sana la sociedad *(es una liberación social),* pues la división se ha hecho ley, tradición, estructura, sistemas. La salvación liberadora de Jesús entra, por tanto, en estos campos, en lo social, cultural, económico, político. Donde haya división, donde esté Caín, allí también entra la salvadora liberación de Jesús, allí opera la Comunión de Dios, en esas realidades también se construye el REINO DE DIOS.

• *Su obra: La Comunidad.* Cómo aparece de claro y lógico, en este plan de Dios, que la obra de Jesús sea precisamente unir a las personas en común-unión, en comunión, en comunidad. Así vuelven a ser semejanza de Dios-Comunión, así salen de la división, así construyen el Reino de Dios. Los hispanos de los Estados Unidos lo han entendido bien, y por eso llegan a afirmar: "El Reino de Dios debe iniciarse en comunidades eclesiales pequeñas". *(Evangelización,* 3) Esta dimensión la estudiaremos más ampliamente después. Ahora lo importante es descubrir la conexión de la existencia de la comunidad dentro de todo el plan de Dios-Comunión.

Dios-Comunión

Pecado

Cristo

Comunidad

Ayuda de síntesis. Como dijimos al comienzo, este plan de Dios-Comunión debe ser presentado en su conjunto. Esta es la novedad que ayuda a descubrir ese valor. Ahora bien, no es necesario que se expliquen todos los detalles. Estos pueden ser estudiados en reuniones ordinarias de las comunidades. Pero la síntesis y su conjunto deben ser expuestos claramente. Para ayudar en esto, señalamos ahora esos puntos indispensables:

Ultima causa de todos
    los males: egoísmo,   DIVISION
Creación: naturaleza —
    seres humanos: EN COMUNION
    A imagen de   DIOS-COMUNION
Pecado: contra Dios —
    contra el hermano/a
    personal y social: integral   DIVISION
Salvación y Liberación
    integral, por   JESUS-COMUNION
Continuidad de esa obra
    por la   COMUNIDAD

Jóvenes campesinos. Rural youth.

7

RELACIONES
INTERPERSONALES —

Ejercicio de profundización
Diferentes clases de relaciones

1. CAMBIO DE GRUPOS

Conviene que se cambien los grupos anteriores para lograr crecimiento en el proceso. Los participantes seguirán con las responsabilidades adquiridas como grupo anterior. La finalidad del cambio es lograr entrenar a la gente para que participe en varios grupos, como sucede en la realidad: vivimos simultaneamente en grupos de familia, de trabajo, de religión, de vecindad, de amigos y otros más.

Fácil método de cambio: Todos están en sus sitios dentro del grupo actual. Cada uno se numera según el número de grupos que van a quedar. De 1 a 5 si se quieren cinco grupos. De 1 a 7 si se quieren siete grupos. Cada uno deber recordar su número. Esto ayuda a la identidad. Cuando termine la numeración, cada uno va al grupo de su propio número: todos los 1 al grupo uno, todos los 2 al grupo dos, y así en adelante. Se pueden tener los números en papel grande en cada sitio para facilitar el cambio.

2. EJERCICIO DE PROFUNDIZACION

Finalidad: ayudar a que el grupo nuevo entre en relación personal antes de que vaya a discutir ideas. Ayudar a continuar el proceso de comunicación interpersonal iniciado antes. Dar un marco de personalización y de pequeño grupo a la reflexión de fe que estamos haciendo.

1. EXPLICACION: Pensemos en un fuerte dolor y en una inmensa alegría que hayamos tenido en nuestra vida.

2. SILENCIO (5 minutos): Sentados en los nuevos grupos, se piensa en silencio.

3. DIALOGO (15 minutos): Cada persona habla de lo que pensó. Lo dice a los demás con sencillez. No hay secretario, para respetar lo delicado de la comunicación. Cada uno puede hablar por unos 2 ó 3 minutos.

4. PLENARIO (10 minutos): Los que deseen compartir con los otros grupos algo de lo que oyeron, pueden hacerlo en voz alta. No hay secretarios, ni tampoco se habla en representación del grupo. Se hablará de algo que se oyó a otro, NO de lo propio. Cada participante (voluntario) puede hacerlo brevemente. Así en los 10 minutos alcanzan a hablar 10 personas o más. Se puede terminar

con alguna canción de amistad. Este es uno de los momentos más íntimos que se vive en el proceso.

5. DESCANSO

3. DIFERENTES CLASES DE RELACIONES: RELACIONES COMUNITARIAS

Cuando hay una muchedumbre donde nadie se conoce, todos son anónimos, ninguno sabe si el vecino está triste o alegre, sucede como con el maíz cuando se muelen todos los granos. Ya no se distinguen, queda todo convertido en una MASA. Esa relación de la muchedumbre es una RELACION MASIVA.

Si Carlos conoce a Margarita, sabe su nombre, la distingue, ésta es una relación de persona a persona o RELACION PERSONAL.

En este caso puede darse esta posibilidad: si Carlos se relaciona con Margarita sólo porque ella le ayuda en algo, por el oficio que ella desempeña, esta relación es personal también. Pero como se refiere a la función que la persona hace, es una RELACION PERSONAL FUNCIONAL.

Puede darse otra posibilidad: Carlos se relaciona con Margarita por ser ella quien es, por su persona. Conoce sus familiares, sus sentimientos, sus ideales, dolores y alegrías. Tal vez también necesita que ella le haga algún oficio, pero eso es secundario. Lo *primario* es la persona como tal. La trata como a una hermana. Esta relación es una RELACION PERSONAL FRATERNA o PRIMARIA.

¿CUAL DE ESTAS RELACIONES SIRVE PARA FORMAR LA COMUNIDAD?

Es claro que varias relaciones de las nombradas no sirven para esto, sólo aquellas que tratan al otro como a un hermano — *las relaciones personales primarias o fraternales.* Estas no excluyen las funcionales, pues todos necesitamos de los servicios de los demás. Pero eso es secundario. Lo primario es tratar al otro como hermano. Cuando un grupo tiene estas relaciones así, va en camino de formar una comunidad. Son RELACIONES DE PEQUEÑA COMUNIDAD. No hay número fijo. El criterio es que los participantes logren mantener e intensificar las relaciones fraternas primarias entre ellos.

Cuando hay muchas pequeñas comunidades relacionadas entre sí con diversos vínculos, como un compromiso común, una visión común, una organización comunitaria común o algo semejante, en este caso tenemos algo maravilloso. Es algo parecido a la masa por lo numeroso, pero muy distinto, pues en este caso la inmensa muchedumbre está compuesta por gente en comunidad. Esta hermosa realidad se llama PUEBLO.

Entre el nivel de la relación de pequeña comunidad y de pueblo, se dan varios niveles de relaciones comunitarias, siempre en el supuesto de que exista esa relación básica de pequeña comunidad. Esos niveles pueden ser la COMUNIDAD PARROQUIAL, VECINAL, DIOCESANA, REGIONAL, NACIONAL, CONTINENTAL y MUNDIAL. Para la Comunidad cristiana es capital la relación interpersonal fraterna, la de pequeña comunidad en la base, la parroquia (seguramente en nuevas formas), la diocesana y la mundial.

CEB del medio oeste. CEB in the Midwest.

8

INICIACION DE LA PRIMERA COMUNIDAD DE JESUS, LA COMUNIDAD ECLESIAL DE BASE — CEB

Jesús vino a liberarnos de la desunión volviéndonos a la comunión. Por esto comenzó iniciando la comunidad.

Contemplemos al Señor en ese primer momento, como nos lo narra Juan en el capítulo 1 de su Evangelio, del versículo 35 hasta el final. La Biblia no se lee. La Biblia se "comulga", penetra en nuestro ser, lo llena, lo transforma. Así acerquémonos a este pasaje. Veamos cómo Jesús comenzó su obra de salvación liberadora.

Es conveniente hacer este trabajo por grupos. Después, en plenario, los secretarios aportan el resultado y hay mayor riqueza. Daremos algunas sugerencias sobre el tema.

• *Preparación:* Juan Bautista — despierta apertura, búsqueda.

• Jesús hace el *llamamiento:* persona a persona (nombres), respeto a cada uno como es (Natanael); muy repetido el verbo

VER en todo el pasaje, algo directo, personal. Son relaciones interpersonales primarias. También está lo funcional: Jesús es el Mesías. Pero esto llena la relación primaria, no la sustituye. Usa sobrenombre familiar para Simón, llamándolo Piedra.

• *Persona de Jesús:* el Galileo, "el hijo de José de Nazaret". Les muestra dónde y cómo vive. Se muestra como uno de ellos.

• *Respuesta de ellos:* personal. Inician un proceso, no todo es perfecto al comienzo. La comunican a otros (Andrés a Simón, Felipe a Natanael). Hay diálogo con libertad — Natanael expone sus inquietudes. Jesús las acepta y lo elogia.

Es un *seguimiento* a Jesús, el Galileo, como el Cordero de Dios y Mesías, el Maestro, el que anunciaron los profetas. Ya aparece el contenido salvífico y liberador, al menos inicialmente. Después se irá perfeccionando.

Conclusión: La primera comunidad de Jesús está basada en relaciones interpersonales primarias o fraternas entre sus miembros y con un contenido mesiánico liberador.

* * *

Por todo el trabajo que llevamos hecho hemos podido entender que la CEB no es una fórmula cualquiera que se define en dos palabras. Para descubrir qué es la CEB hay que descubrir muchas cosas más. Concretamente, hay que descubrir toda la visión de conjunto del plan de Dios, y hay que experimentar algo de lo que es la comunidad.

El proceso que vamos haciendo de relaciones interpersonales nos ayuda a entender qué es la CEB. Igualmente nos ayuda la reflexión sobre Dios-Comunión, Creador en comunión, pecado de división, Jesús Salvador y Liberador en Comunión, Comunidad, obra concreta de la salvación liberadora de Jesús. También nos ayuda el ejemplo vivo de Jesús en el Evangelio de Juan 1, 35.

Descripción de la Comunidad Eclesial de Base. Nótese que no decimos definición. La definición limita y deja estática la idea, sin posibilidad de seguir buscando. La descripción da ideas claras y fundamentadas, pero deja abierto el campo para seguir clarificando y descubriendo. Esta descripción ya viene apareciendo en los pasos del proceso que estamos haciendo. Aquí vamos a explicarla:

1. Es un *conjunto de personas* que tienen entre sí una *relación interpersonal fraterna o primaria permanente.* Se conocen, se quieren, se ayudan, van creciendo en esa amistad. Precisamente así es como concretamente van venciendo la división que los separaba. No se excluye que entre ellos haya

también relaciones funcionales en razón del trabajo que hacen. Pero estas relaciones funcionales están enmarcadas dentro de las relaciones que tienen ellos como hermanos. Anotemos que esta relación es un proceso, muy imperfecto al comienzo, y va creciendo. El número de participantes debe ser tal que permita esta relación fraterna. Esto exige que esos participantes perseveren permanentemente en el proceso. Sin embargo, si el número impide la relación fraterna, será mejor dividir el grupo.

Es COMUNIDAD porque es *permanente.*

Es DE BASE por las *relaciones primarias* entre sus miembros, preferencialmente cuando éstos son pobres.

2. Es ECLESIAL o CRISTIANA porque el valor común que los une es JESUS, y *trabajan con El en su obra salvadora liberadora* de quitar el pecado de división del mundo y volver a la comunión con Dios y entre los seres humanos.

Este aspecto es muy concreto porque Jesús hizo, enseñó y mandó LO QUE se debe hacer para realizar esa obra. La comunidad, para ser cristiana y eclesial, debe hacer lo que El hizo y mandó hacer. Su expresión más clara la encontramos en su último mensaje al despedirse Jesús (Mateo 28, Marcos 16): *Vayan por el mundo – anuncien la Buena Nueva a toda la creación – a los que crean, bautícenlos en el nombre del Padre y del Hijo y del Espíritu Santo – y enséñenles a cumplir todo lo que yo les he encomendado.*

a) *Encarnación: "Vayan".* "Así como tú me enviaste al mundo, así yo también los envío al mundo". (Juan 17, 18) "Vayan a todas las naciones." Dios-Comunión quiso rehacer su obra de comunión en el mundo por medio de la encarnación de su Hijo. Jesús es Dios encarnado. Esto es, un hombre como los demás, nacido de mujer, nacido del pueblo judío, hablaba como la gente con la cual estaba, trabajaba con ellos, sin títulos de distinción, comía como ellos, vestía como ellos, tenía su misma historia y cultura, semejante en todo a ellos, menos en el pecado que es división y no lo podía tener porque venía precisamente a quitar esa división. (Filipenses 2, 5-8)

La Comunidad cristiana tiene que encarnarse como Jesús, en cada sitio y en cada época. Siendo siempre la misma (salvadora y liberadora por la comunión para sacarnos del egoísmo y del odio) debe encarnarse en cada situación. La realidad de cada lugar y de cada momento es la que clama por la salvación y liberación en concreto. Desconocer o equivocarse sobre la realidad es fallar. Por esto nosotros hemos partido del estudio de la realidad. Siempre debe ser así. La medicina es para el enfermo concreto. La liberación es para el esclavo concreto, real. Esto lleva a la comunidad a encarnarse, a ser parte de la realidad, como FERMENTO que desde dentro transforma. El Concilio Vaticano II es sumamente claro al respecto: "La Iglesia, para poder ofrecer a todos el misterio de la salvación y la vida traída por Dios, debe *insertarse* en todos estos grupos con el mismo afecto con que Cristo se unió por *su encarnación* a las determinadas condiciones sociales y culturales de los hombres con quienes convivió". (Decreto de Misiones, 10)

Esto se debe hacer con gusto y gozo, sin nostalgia de otras épocas o de otros sitios: "Descubran con gozo y respeto las semillas de la Palabra que en ellas se contienen." (igual cita, 11) La comunidad cristiana de California tiene que ser de California. Tiene mucho en común con la de París y la de Londres y la de Miami o Chicago o New York, pero tiene mucho de propia. Las comunidades con chicanos, mexico-americanos, puertorriqueños, sudamericanos, cubanos, dominicanos, centroamericanos, tienen mucho en común. Pero cada grupo tiene sus características propias que la comunidad debe asumir. "Unanse con aquellos hombres por el aprecio y la caridad, siéntanse miembros del grupo humano en el que viven y tomen parte en la vida cultural y social interviniendo en las diversas relaciones y negocios de la vida humana; familiarícense con sus tradiciones nacionales y religiosas ... atiendan a la profunda transformación que se realiza entre las gentes". (igual, 11)

Este aspecto de la encarnación de la comunidad eclesial es un desafío a su originalidad y creatividad en la fidelidad a la realidad, dentro del marco de lo permanentemente cristiano.

b) *Pastoral profética o de la Palabra.* "Anuncien la Buena Nueva a toda la creación". Jesús es la Palabra salvadora y liberadora de Dios-Comunión. La Palabra se hizo carne, y la carne se hace palabra. No es una palabra-sonido, es una palabra-vida, y ésta le da sentido y verdad a la palabra-sonido. La *persona* viva de Jesús es la Palabra, el mensaje hecho realidad, hecho vida. Por eso los sonidos que El emite, que salen de su garganta, son solamente ecos del mensaje que vive en su ser.

Esa Palabra *denuncia* el pecado de hermano contra hermano/a, condena la conducta de Caín en cada persona, señala la maldad cuando ésta se oculta o se disfraza. Repite: "Caín, ¿dónde está tu hermano?"

Esa Palabra también *anuncia* el Reino de Dios, reino donde todos son hijos del Padre y hermanos y hermanas entre sí. Es un anuncio que va más allá del sonido, pues ese anuncio construye y edifica el Reino. La Palabra de Dios-Comunión que creó el mundo es la misma que construye su nuevo Reino.

Pues bien, Jesús pasa esa Palabra a su comunidad: "Anuncien la Buena Nueva a toda la creación". Y lo primero es que la Comunidad sea el mensaje salvador y liberador personificado, para que cualquiera que mire la comunidad ya vea de qué se trata: estaban divididos y ahora están en comunión. Esa será la mejor predicación. La comunidad recibe la palabra que la saca del odio y la hace vivir en comunión. Esa misma palabra será la que lleve a los demás en la misma forma viva. También habrá sonidos que emitirán las gargantas de la comunidad. Pero tanto valdrán cuanto partan de la palabra hecha comunidad. Esto supuesto, la comunidad buscará formas de entregar ese mensaje.

Esta palabra comunitaria será, como la de Cristo, *denuncia y anuncio*. Proféticamente *descubrirá* el pecado donde éste se disfraza o se esconde. En las relaciones culturales puede estar el pecado de Caín, cuando una cultura domina a las otras. También puede estar en lo social, en lo educativo, en lo político, en los medios de comunicación social. En Estados Unidos más del 80% de los programas de TV son de violencia. Allí está Caín. La educación que esté basada en la competencia y en el poseer, es un instrumento de Caín. Muchos no lo ven. La Comunidad de Jesús debe señalarlo proféticamente. Es la *denuncia.*

El *anuncio* del Reino es palabra en la comunidad también. Su vida misma anuncia que hay otra forma de vivir, que es mejor servir a los demás que cerrarse. En una sociedad materializada y llena de luchas de fuerzas, la Comunidad de Jesús se levanta como un signo de otra forma de sociedad, y como esperanza realizada de que sí se puede vivir de otra forma, como hijos de un solo Padre y hermanos/as entre sí, aquí y con todas las naciones del mundo. Este mensaje es obligatorio. Especialmente para las comunidades en este país.

c) *Pastoral litúrgica o sacramental.* "A los que crean, bautícenlos". Quien ha oído y ha creído el mensaje de la salvación liberadora de Jesús puede recibir el sacramento que lo introduce en la comunidad del Señor, el bautismo. Y luego puede recibir los demás sacramentos. Por estos sacramentos la comunidad recibe la obra salvadora de Jesús.

Se supone que quienes reciben los sacramentos lo hacen porque han recibido primero la Palabra. Esto nos lleve a un gran trabajo de revisión. Hoy tenemos más sacramentalismo (uso de sacramentos sin exigencias de fe) que evangelización. Hay que revisar esto.

El centro de la vida litúrgica es la Eucaristía. A ella tiende la actividad de la Iglesia y es la fuente de donde mana su fuerza. (Constitución sobre la Sda. Liturgia del Concilio Vaticano II) La Eucaristía es un *signo:* el mundo debe ser como ella, una comida (el pan es símbolo de todo lo que el ser humano necesita) en donde todos se alimentan como hermanos/as; signo liberador, pues a eso debemos tender en este mundo tan lleno de desigualdades. La Eucaristía es una *realidad:* ese pan que se come es Jesús mismo. Así El nos da fuerza para poder realizar lo significado — convertir este mundo en esa cena ideal.

Todos los demás sacramentos se relacionan con la comunidad para realizar el Reino en ella misma y en los demás, y tienen por centro la Eucaristía. En este sector pastoral se incluye la oración.

d) *Pastoral social.* "Enséñenles a cumplir todo lo que yo les he mandado". Se trata de llegar a la misma vida y en ésta lograr la comunidad del Reino, la comunión de la gente entre sí.

La vida es la misma para el cristiano y para el no cristiano: niñez, juventud, ancianidad, matrimonio, trabajo, escuela, política, economía, cultura, historia, vestido, casa, comida. Toda esta realidad se puede vivir de dos maneras: o en lucha, competencia, egoísmo, materialismo, unos contra otros por la fuerza; o en amor, comprensión, ayuda, fraternidad, colaboración, comunión.

La comunidad de Jesús es aquella que vive en todo igual a los demás, pero vive distinto. ¿Cómo? Tiene las mismas casas, los mismos trabajos y todo igual. Pero todo lo hace por amor, en colaboración, ayudando a otros, abriéndose a todos, en comunión. Esta es la diferencia. Para lograr algo tan difícil, Jesús nos está dando su Palabra y sus Sacramentos. En la realidad de la vida es donde se realiza el Reino integral de Dios-Comunión: "Es necesario que la Iglesia esté presente en estos grupos humanos por medio de sus hijos". (Decreto de Misiones del Concilio — léanse todos los números 11, 12 y 15)

e) *Así lo hizo la comunidad primitiva.* Hechos 2, 42 ss. Comunidad: vivían unidos y compartían lo que tenían, un solo corazón. Palabra: acudían a la enseñanza de los apóstoles. Sacramento: celebraban la Eucaristía en sus casas y alababan a Dios. Social: se repartían de acuerdo a lo que cada uno necesitaba. La gente los veía y se asombraba de su bella manera de vivir y así Dios iba agregando más creyentes a las comunidades. Eran comunidades *abiertas* a las necesidades de los demás.

f) *En comunión con otras comunidades y con los apóstoles.* El libro de los Hechos nos muestra cómo unas y otras comunidades se preocupaban mútuamente y se ayudaban. Se sentían unidas en la misma fe y en el mismo trabajo de salvación libertadora (capítulos 9 y 10); (capítulo 11); (Romanos 16).

La unión con los apóstoles es manifiesta: asisten a oírlos, manifiestan a ellos sus inquietudes y junto con ellos hacen el proceso comunitario. Un bello ejemplo es todo el capítulo 6 de los Hechos. Esta unidad con los apóstoles no es física, de vivir junto a ellos. Es una unidad en la misma fe y en la misma misión con algún signo externo que la manifieste en alguna forma. Y es unión mutua —tanto de las comunidades con los apóstoles, como de éstas con aquéllas.

CONCLUSION: *La Comunidad Eclesial de Base es el conjunto de personas con relaciones interpersonales fraternas y permanentes, unidas por el seguimiento a Jesús en su persona y en su acción de salvación liberadora, encarnada en cada sitio y época, recibiendo y dando la Palabra del Señor, participando y comunicando los sacramentos, transformándose y transformando la realidad integral como fermento del Reino del Dios-Comunión, en unión a las otras Comunidades Eclesiales junto con los obispos.*

La Comunidad Eclesial de Base es Iglesia. En sentido amplio, todo grupo cristiano que se reúna o haga algún apostolado es Iglesia. Pero la Iglesia tiene un ser y un actuar muy precisos que le dejó Jesús, como hemos visto. Debe cumplir una obra muy precisa y con contenidos muy precisos y completos: es la obra de salvación liberadora que nos saca integralmente (como persona y como sociedad) del egoísmo y del odio y nos coloca en el amor. Esto lo hace encarnándose en cada situación, y por la Palabra, los sacramentos y la pastoral social, en unión con otras comunidades y con los obispos.

Precisamente esto es lo que hace que la CEB sea Iglesia. Ese pequeño grupo, así entendido como lo hemos visto, no es sólo un pequeño grupo. ES IGLESIA DE JESUS. Cumple todo lo que Jesús dio a su Iglesia. Se encarna en cada situación (y esto le es más fácil por su dimensión pequeña), recibe, da la Palabra y los sacramentos y lucha por transformar la realidad integral, personal y social en una línea de salvación liberadora. Busca maneras de unirse a las otras comunidades y está junto con el obispo (así su cercanía a él no sea tan próxima, precisamente por su mismo tamaño).

En otras palabras, todo lo que es Iglesia se encuentra en la Comunidad de Base, aunque toda la Iglesia no sea sólo la CEB. Una comparación nos puede ayudar. Una PORCION de pan contiene todo lo que es pan (harina, sal, mantequilla, etc.), es verdaderamente pan. Aunque todo el pan no es sólo esa porción.

La CEB es una PORCION de la Comunidad de Jesús. La única diferencia es su dimensión. *Es la misma Iglesia de Jesús, en su dimensión de base.*

Esto le exige a la CEB que cumpla con todo. Por medio de su diversos miembros debe estar presente conjuntamente en los tres campos de la pastoral de salvación liberadora (Palabra, sacramento, social), y debe encarnarse en cada sitio y momento, estar en comunión con otras comunidades de base, con la comunidad parroquial y especialmente con la comunidad diocesana y con la comunidad universal. Su encarnación le pide unirse a otros niveles de comunidad no sólo eclesiales sino de la realidad, tales como la región, la nación, el continente Es la misma Comunidad de Jesús a diversos niveles:

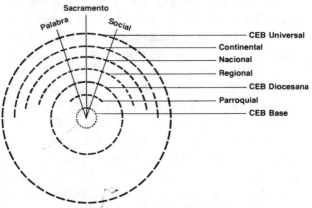

SER Y ACTUAR COMUNITARIO SALVADOR LIBERADOR

La CEB y los pobres. Es claro que la Iglesia es salvación liberadora para todos. Es claro también que a cada uno lo debe salvar conforme es. No puede tratar a Pedro, de familia de ateos, igual que a Enrique, con tías impresionantemente rezanderas. Cada uno tiene problemas diferentes.

¿Es igualmente claro que la Iglesia debe preferir a los pobres? Gracias a Dios, esto vuelve a ser cada día más claro. La Iglesia debe salvar a todos, pero tiene una preferencia por el pobre. En la reflexión que hemos hecho de Dios-Comunión quedó muy claro que, desde que Caín mata a Abel, Dios toma partido en favor de Abel. No hay duda.

¿Quién es el pobre? Es otro punto que vuelve a ser más y más claro para la Comunidad de Jesús. Esto se debe profundizar mucho, y es un punto muy importante en el estudio y la acción de las comunidades cristianas. Para dar alguna idea aquí, diremos que pobre es "el otro", el incompleto, el necesitado, el huérfano, la viuda, el que sufre, el que no tiene pan, vestido, casa, libertad (Mateo 25),el caído en el vicio, el despreciado de la sociedad. Y este POBRE es preferido por Dios y por la Comunidad de Jesús. Y algo más: a los no pobres no los salvará sino DESDE EL POBRE. La comunidad de Jesús toma partido por el pobre, se hace su voz. Aun más: ella misma debe ser pobre, convivir desde el pobre. Sólo así ella *transparentará* a Jesús, el Dios Galileo pobre, fuera del cual no hay salvación. Hay muchos documentos oficiales de la Iglesia sobre esto. Estar con el pobre es lo que hace fundamentalmente a la comunidad de Jesús que sea de BASE, dentro de la base, lo humilde, lo despreciable.

Parece que dentro de la *Descripción* de la CEB debe incluirse, por tanto, la opción preferencial por el pobre, como debe incluirse también en la descripción de la Iglesia como tal.

Dura es esta palabra, dijo Jesús. Sólo comunidades cristianas en serio proceso de fe *desde* la realidad del pobre han ido redescubriendo esto que ya era tan claro en la Biblia y en las comunidades en diversos tiempos, pero que es muy cómodo olvidar. Las comunidades cristianas de Estados Unidos tienen mucho problema para redescubrir esto. Nos ayudan mucho las comunidades del tercer mundo, de los pobres. Y este tercer mundo que está dentro de este país es el llamado a redescubrir esta preferencia y ayudar a los demás a redescubrirla también. De esto vendrá mucho bien para este país y para el mundo todo.

En el Segundo Encuentro Nacional en Washington, D.C. en 1977 los hispanos hemos hecho una clara opción preferencial por los pobres. Muy claro es el documento de Evangelización 2, b y 5. También lo es el de Ministerios, el de Derechos Humanos, el de Responsabilidad Política.

Proceso hacia la comunidad. ¿Cualquier grupo es comunidad? Ya podemos ver que no. La comunidad es un paso muy avanzado en la relación social. Es siempre un caminar más adelantado. Se avanza en razón de dos factores: la relación interpersonal y el valor compartido.

Juxtaposición: uno cerca al otro — ningún valor compartido.

Reunión: más cercanía en los participantes — algún valor los une, algún interés. El interés es pasajero y termina cuando termina la reunión.

Grupo: el valor es más importante y los aglutina o agrupa más. Suele suceder que al aglutinarse más, encuentran valores superiores. Ambos niveles hacen que el grupo sea más permanente que una simple reunión. El grupo incluye reuniones, pero tiene fuerza de unión más allá de las reuniones.

Equipo: Ya tiene más permanencia, el valor es superior y se da distribución de trabajo entre los participantes.

Comunidad: El valor que los une es tan grande que le da toda su vida y se unen con un solo corazón. Este nivel incluye y perfecciona los anteriores. La comunidad nunca termina, siempre está en marcha y en perfeccionamiento y debe cuidar de no caer. Cuando ese valor, que le toma toda la vida y la une tanto, es Jesús, su persona y su obra de salvación liberadora, entonces la comunidad es cristiana o eclesial.

Observación pedagógica. Al exponer este tema se debe cuidar de dar el conjunto de ideas. No es necesario extenderse en cada una, con tal que la idea de conjunto quede clara. La profundización se hará en las reuniones ordinarias de las comunidades.

CEB del suroeste. CEB in the Southwest.

9

EL GALILEO, MODELO DE LA CEB

Es conveniente hacer esta reflexión en forma de meditación participada. Se puede arreglar el salón con el cirio pascual en el centro y los participantes pueden formar varios círculos alrededor. Un canto sobre Jesús puede ayudar para comenzar y para terminar.

1. MOTIVACION: Acerquémonos con cariño, sencillez y deseo de descubrir de nuevo a Jesús, el pobre de Galilea. Veámoslo en su pobreza, en su sencillez, en su situación concreta. Es Dios, pero es Galileo.

2. SILENCIO COMUNITARIO: Para descubrir una vez más muchas de esas características.

3. DIALOGO: Cada participante va diciendo alguna característica que recordó de Jesús pobre.

• *Identidad de Jesús.* Su raza es despreciada, es judío. Su región, Galilea, es la más apartada en su país, fronteriza, con choques culturales. Sus habitantes son bilingües en hebreo y arameo, pero su lenguaje es defectuoso. El nivel de educación es muy pobre en la región.

Su *persona* — nació en pesebrera, vivió sin casa, murió con sepulcro prestado. Ya en su niñez tuvo que exilarse. Huérfano de padre. Su madre fue viuda. Trabajador humilde. Familia, amigos pobres, sin influencias, Prefería estar con los sencillos y despreciados. Su lenguaje era para que los sencillos lo entendieran. Su vestido y su mesa eran de pobre. Fue perseguido por su doctrina sobre Dios y los pobres. Acusado sin defensores. Abandonado por sus amigos cercanos . . .

Su *misión* – así como sabía muy bien que su identidad era judía y de persona pobre, también estaba muy claro sobre su misión: venía a establecer el Reino de Dios-Comunión — Dios como papá y mamá de todos, y todos hermanos/as entre sí, en común-unión.

• *Jesús en marcha.* Para establecer ese Reino Jesús tiene que enseñarlo por donde pueda, sin descanso. Especialmente debe marchar a Jerusalén. Como centro religioso y político es allí donde el odio y el egoísmo se alimentan y allí se organiza la lucha del fuerte contra el débil. En Jerusalén está también el centro político que oprime. Allí le fue mal a Jesús. Sus discípulos tienen miedo de Jerusalén. Pero Jesús sabe que debe ir a

Jerusalén, a eso vino. Así lo anuncian los profetas.

Lo crucifican. Sólo lo acompañan allí tres discípulas (una es su madre) y un discípulo. Muere por lo que enseñaba, el Reino.

• *Fiesta de Jesús.* El Dios del Reino resucita al Galileo. Triunfa su persona, su doctrina y su obra. El pobre Galileo muestra así que es Dios y sin El no hay salvación liberadora. Nace un nuevo grupo de salvadores: LOS GALILEOS. Mujeres (como María) y hombres en comunidades galileas, pobres, sencillas, pero con otra forma de vivir diferente. Ante la fuerza del imperio romano y ante el legalismo judío estas comunidades muestran otra forma de vida, la común-unión. El imperio romano desaparece y el legalismo judío se dispersa, pero la Comunidad de Jesús continúa.

• *Características de Jesús, Dios-Galileo.* Es *persona,* con identidad definida y voluntad firme. Formador de *comunidad. Evangelizador* de esta Buena Nueva del Reino, y su *profeta. Encarnado* en la raza humana y en situaciones muy concretas. *Pluralista* frente a personas y situaciones diferentes. *Pobre.* Preparó y envió a otros como *ministros* servidores de ese Reino. De su madre aprendió mucho, y con *María* hace su primera comunidad familiar. Aunque sufre, sufre con alegría, da ánimo a los demás, tiene optimismo, es *festivo.* Siempre está *en marcha* y en proceso hacia las metas del Reino.

• *La Iglesia que los hispanos deseamos.* Nos sentimos más y más identificados en nuestra situación dentro de los Estados Unidos con la situación de Jesús. Muchos hispanos e hispanas vienen redescubriendo este Dios Galileo y nos lo ofrecen de nuevo. Ya sabían que la gente fue hecha a imagen de Dios, pero ahora redescubren que Dios se ha hecho a imagen de nosotros, los pobres como el Galileo.

1. Debemos buscar nuestra *identidad,* como la tenía Jesús, el Galielo.

2. Debemos actuar en Jerusalén. Es la *marcha.* Estados Unidos es decisivo en el mundo. Ser profeta aquí no es cómodo. Nuestra primera cruz somos nosotros mismos, nuestra pereza, nuestra comodidad, nuestra inconstancia, el peligro de una religión adormecedora y alienante. Habrá también otras cruces. Pero el mensaje que aquí demos recorrerá el mundo y le ayudará. Con nosotros está la mejor discípula del Galileo, su madre María.

3. Hay una *fiesta.* El mismo Dios que resucitó al Galileo nos resucita a nosotros y aparecerán más y más *comunidades galileas* en este país que viven según el Reino, frente a una sociedad materialista y de competencia. Los pobres, las minorías que ayer eran despreciadas son y serán la salvación.

4. Por esto queremos construir la Comunidad de Jesús con las mismas características que El tuvo: Iglesia formadora de personas; verdadera comunidad desde la base y a todos los niveles; evangelizadora de este Reino de comunión; profeta en este país; pobre; encarnada dentro de la realidad de los Estados Unidos y en sus diversos lugares y en estos tiempos tan decisivos para la humanidad; pluralista en las diversas culturas que aquí se han reunido; comunidad de ministerios donde todos tengan un trabajo hacia el Reino; junto a María que está tan dentro de nuestras tradiciones y que es la obra maestra de la salvación liberadora de Jesús, y en la alegría festiva de quienes saben que el Reino se va haciendo más y más.

10

FUNCIONES DE LA IGLESIA Y SUS APLICACIONES EN LA CEB

Hemos estudiado antes (capítulo 8) la finalidad y las funciones de la Iglesia en cuanto a sus principios. Conviene ahora poner esos principios frente a nuestra realidad. Vamos a hacer un ejercicio práctico que nos ayude al "follow-up" o continuidad, y nos ayude a entender mejor esto tan importante del oficio de la Iglesia.

1. SINTESIS DE IDEAS

• La Iglesia recibe de Jesús la misión de hacer su misma obra.

• La obra de Jesús es de salvación liberadora, de sacarnos del reino del odio y colocarnos en el Reino de Dios-Comunión. El lo hizo así: encarnándose, dando su Palabra y sus sacramentos y por la acción comunitaria en lo social. Es, además, una acción unida de conjunto, no separada.

• La Iglesia o comunidad de Jesús debe, por tanto, encarnarse en cada situación, debe recibir y dar la Palabra de Dios y los sacramentos, y debe ser acción transformadora de la vida social. Esto lo hace no separadamente, sino en CONJUNTO. Y la finalidad debe ser siempre de salvación liberadora.

• Jesús es llamado PASTOR por hacer esa obra. La Iglesia ha llamado PASTORAL a la obra que hace en nombre de Jesús.

• Al trabajo de la salvación liberadora por medio de la Palabra se le llama *Pastoral Profética.* El profeta no es sólo el que predice el futuro, sino específicamente el que habla en nombre de Dios. *Pastoral Litúrgica* se llama al trabajo con los sacramentos. Y *Pastoral Social o Caritativa* es la acción de la Iglesia en la realidad de la vida.

• *Pastoral de Conjunto* no es otra cosa que la pastoral bien hecha, en comunión. Es una pastoral donde todo se hace en forma coordinada, en comunión. O es en comunión o no es pastoral: unidad de *visión,* de *metas,* de *acción* y de los *agentes* que trabajan. Pide *prioridades* y exige continuas *evaluaciones,* no sólo para ver si se está trabajando, sino especialmente para revisar el rumbo hacia la meta del Reino.

• La acción pastoral no hay que inventarla. Hay que hacerla *en relación* con la realidad, según los problemas que se padecen. Y según las prioridades que tengan los problemas serán las prioridades que tenga la pastoral. Prioridad no es dejar de hacer algo. Es hacer lo más importante con mayor intensidad y mayor fuerza. Si un pueblo está perdiendo la fe, por ejemplo, hay que darle mucho trabajo a la evangelización en la fe, aunque las acciones de la liturgia también se continúen.

• Algunos ejemplos de acciones pastorales:

Encarnación: a esto contribuye la investigación de la realidad — se puede hacer en forma sencilla, pero hay que hacerla. Descubrir nuestra historia, nuestra cultura, nuestro *pasado* en la fe. Saber lo que está sucediendo *hoy* en nuestra sociedad, en lo religioso, en lo cristiano, en lo socio-económico-político. Escrutar lo que se vislumbra que va a pasar en el *futuro.* Todo esto se puede hacer o ayudados por buenos especialistas o con sencillez y poco a poco. Ya hay métodos sencillos que han dado resultado a comunidades sencillas.

Pastoral profética o de la Palabra: es la entrega del mensaje. Lo primero es el anuncio. Se llama *kerygma* y se entiende como ese *primer anuncio* de la Buena Nueva. Sirve mucho al catecumenado, que es el instrumento pastoral para ayudar a la conversión de los que no son cristianos. Además debería haber un catecumenado, en sentido amplio, para los que ya son bautizados pero no han hecho su conversión.

También la Palabra se da por la *catequesis:* adultos y jóvenes la necesitan mucho. Los niños podrían recibirla de los adultos (especialmente de sus propios padres) y de los jóvenes. Igualmente sirven cursos bíblicos, clases de teología de manera popular, conferencias sobre temas especializados y el estudio de los documentos de la Iglesia. Junto a este mensaje de Dios propiamente dicho, hay que penetrar en el estudio de la cultura, de nuestra historia, de los aspectos de la sociedad. Todo colabora a entender mejor el mensaje. Tampoco olvidemos que lo que recibimos es para darlo. Tampoco es que todo sea a un tiempo. Hay campo inmenso para ir cubriendo.

Pastoral litúrgica o de los sacramentos: comprende toda la catequesis *preparatoria* a los sacramentos y también su *celebración.* Hace mucha falta para volver a su sentido de salvación liberadora. Podemos colaborar para esto en la Misa o *Eucaristía,* en el matrimonio y en el bautismo principalmente. Igualmente ayudemos en las *celebraciones populares.* Contribuyamos a una práctica liberadora de la *oración.*

Pastoral social: lo que se hace en la vida es igual para cristianos y para no cristianos. La diferencia no son los distintivos externos de uniformes o de medallas. La diferencia está en el modo de *ver la vida y de vivir la vida.* El creyente lo hace según los valores del Reino de Dios-Comunión. Así vive la vida y así ayuda a que los demás la vivan de igual manera, tanto personal como socialmente.

Aquí entra todo el trabajo de niñez, juventud, ancianidad; obreros, estudiantes, campesinos (uniones o sindicatos, por ejemplo); familia (la unida y la desunida); los caídos en los vicios; los problemas del vecindario; vivienda; los asuntos de educación (lo escolar y lo no escolar); lo económico, lo social y lo político; los presos; y todo lo demás que sea una realidad en la vida de la gente. La Comunidad de Jesús debe ayudar a sus acciones y sus estructuras a cambiar hacia el Reino.

En conjunto: hay que implementar algo (sencillo y fácil) que ayude a que todo el trabajo pastoral no se desparrame, sino que conserve su unidad. Hay que cuidar, por un lado, de las superestructuras que ahogan, pero hay que evitar, por otro lado, el quedar en el aire sin algo concreto. Hay varios niveles de *coordinación,* desde el de varias comunidades de base coordinadas, hasta la coordinación parroquial, de área, diocesana, regional y nacional. En este aspecto es mejor partir de la base, e ir necesitando esas otras coordinaciones, sin caer en grandes estructuras desde el comienzo. Es más urgente la *promoción* de más comunidades. A medida que la promoción va creciendo se va creando la coordinación. Es muy necesario cuidar de que no todas las personas hagan todo. La comunidad debe estar presente en todo, pero cada miembro debe buscar su propio papel y dedicarse a él en unión con los demás que hacen otro apostolado.

2. TRABAJO EN GRUPOS   20 minutos

Van a sugerir qué apostolados son necesarios en este lugar. Cada grupo puede buscar lo correspondiente a una línea pastoral (encarnación, pastoral profética, litúrgica, social y de conjunto). Puede haber tres momentos: ¿qué se está haciendo? (una simple enumeración); ¿para qué se está haciendo? (¿es en línea de salvación liberadora?); ¿qué sería muy urgente comenzar como nuevo?

Cada participante puede ir pensando a qué se va a dedicar. Lo puede concretar en la reunión de proyectos que se hará más adelante.

3. PLENARIO   10 m.

Cada secretario da el informe del grupo.

11

LARGO PROCESO EN LA COMUNIDAD DE JESUS — EL ESPIRITU SANTO — MARIA

Puede ser útil trabajar este tema por grupos. Cada uno tomará uno o dos pasajes. Luego todos se enriquecen en plenario con lo que cada grupo pudo descubrir. Este tema será uno de los que más se debe profundizar en las reuniones ordinarias posteriores en las comunidades.

La única comunidad perfecta es la de Dios-Comunión y la comunidad de los salvados en el cielo es ideal. Pero las comunidades en la tierra, mientras peregrinan, siempre están en lucha por crecer. La primera comunidad que hizo Jesús tuvo sus problemas y sus luchas. Pero lo importante es que siempre estuvo en proceso y así fue creciendo y cumplió su misión. Ahora vamos a recordar varios aspectos de esa comunidad del Señor porque nos ayudará mucho en nuestras propias circunstancias.

• Lucas 6, 12-16: *Oración* antes de formar la comunidad — Llamamiento *persona a persona* — pequeño grupo (Juan 1, 35 al final).

• Lucas 6, 17 y siguientes: Jesús se pone al apostolado con ellos *inmediatamente;* en la *acción* los va formando.

• Mateo 10, 7: El *objeto central* de la misión es el *Reino.*

• Mateo 10, 5-15: La comunidad no se cierra, se *abre* a los demás. Especialmente a los *más necesitados.*

• Mateo 10, 16-22: La comunidad tendrá muchas dificultades si el trabajo es por el Reino. En ese caso debe sentirse como oveja en medio de lobos, con la astucia de la serpiente y la secillez de la paloma.

• Mateo 20, 20-28: Un peligro grande para el proceso de la comunidad es la competencia entre sus miembros por *orgullo y lucha de poder.* La solución que dio Jesús y que le sirvió para que la comunidad continuara fue el *servicio* y éste con *sacrificio.* No se debe olvidar ni este problema ni esta solución.

• Juan 13, 1-5, 12-17: Amor de Jesús hasta *el extremo* y amor de los participantes a Jesús y entre sí. *Servicio* humilde y sacrificado-*ejemplo-felicidad* al poner esto en práctica.

• Lucas 8, 19-21: La comunidad es para Jesús *su familia,* su madre.

• Juan 15, 11-16: Los miembros de la comunidad son los *"amigos"* de Jesús.

• Lucas 22, 14-30: *Intimidad* de Jesús con su

comunidad — anhela compartir la mesa y compartir sus confidencias, especialmente en momentos dolorosos.

• Marcos 14, 32-52: Si la comunidad se dedica a hacer ''sus cositas y sus pro-gramitas'', nada le sucederá. Pero si va construyendo el Reino de Dios-Comunión, le vendrán *momentos muy difíciles* cuando habrá mucho peligro de claudicar, y la comunidad puede casi desaparecer. Caerán quienes no estén cerca a Jesús por el *compromiso* y la *oración,* porque hay buena voluntad pero la carne es débil.

• Lucas 24, 36-49: Jesús *resucitado resucita* a su comunidad. Es su resurrección la que la vuelve a reunir. Comparte de nuevo la mesa y la solidaridad en la misión. Las llagas de Jesús y las de su comunidad son ahora causa de alegría y de segura esperanza (Juan 20).

• Hechos 2, 1-4: El *Espíritu* del Señor Jesús llena a la comunidad. Recuérdense las promesas del Señor sobre el Espíritu (Juan 14, 15 y siguientes: Defensor, Verdad, Consolador; Juan 15, 26).

• Hechos 1, 14: *María* es miembro de la comunidad y la acompaña. Así había obrado desde el comienzo (Juan 2).

• Hechos 1, 21-22: La comunidad es un *proceso,* no es para entrar y salir. Se debe acompañar a Jesús en todos los aspectos del Reino.

● Hechos 3: Pedro *está claro* en la visión y en la acción de la misión (versos 20-21), con la fuerza de la Resurrección (versos 15 y 26). Es bueno leer todo el capítulo 3.

● Hechos 2, 42-47: La comunidad de Jerusalén siguió el ejemplo de Jesús y su comunidad: fraternidad, Palabra de Dios, sacramentos, trabajo hacia afuera comunicando la salvación liberadora del Reino de Dios-Comunión, en forma encarnada como comunidad en Jerusalén y en comunión con otras comunidades.

Nuestras comunidades crecerán en su caminar si siguen esa vida en proceso como la Comunidad de Jesús.

CEB del oeste. CEB in the West.

12

METODOLOGIA DE INICIACION Y DE CONTINUIDAD DE LA CEB

No hay fórmulas infalibles. Hay orientaciones basadas en lo que debe ser la CEB y las experiencias también ayudan.

Comenzar es lo importante. Reunir un grupo de amigos, vecinos, familiares y tratar de andar. Caminando se aprende. Un fin de semana intensivo, puede ayudar mucho.

Interés común: la gente se reúne por algún interés. Busquemos cuál es el interés que los puede ayudar a comenzar a reunirse. Recordemos aquí el final del capítulo 8, la parte sobre el proceso hacia la comunidad. El interés no se debe imponer. Se debe descubrir cuál es el que existe ya. Puede ser el rezar el rosario para unos, para otros el leer la Biblia, arreglar un problema del vecindario, un asunto del trabajo o algo de la justicia social. Tomemos al grupo donde está. El *proceso* hará que ese primer interés se vaya perfeccionando hasta llegar explícitamente a Cristo y a su trabajo de salvación liberadora.

La *búsqueda* debe ser la cualidad más necesaria en los participantes: estar siempre abiertos al proceso. Por esto la *creatividad* es otra de las características de una metodología de la CEB. Esta creatividad debe estar fundada en los serios principios que hemos venido descubriendo y debe responder a las necesidades de las situaciones.

• *Elementos de la metodología de la CEB.* Los elementos se refieren a la persona y a la comunidad. Podemos señalar como referencia los puntos siguientes, basados en los elementos de la CEB: ACCION — REFLEXION — ORACION — ACCION REFLEXIONADA — todo en FRATERNIDAD — y ABIERTOS ENCARNADOS EN LA REALIDAD.

Acción: Es muy conveniente que desde el comienzo el grupo haga algo, cualquier cosa, lo que el grupo desee. Cada acción debe ser revisada para ir descubriendo si lo que se hace es lo más conveniente a la obra de salvación liberadora de Jesús. Pero hay que comenzar haciendo algo, pues esto abre al grupo a los demás y le exige reflexión sobre la acción. La obra de salvación liberadora exige acción. Es importante que cada persona tenga una responsabilidad, y que la acción comunitaria sea compartida por todos. Esta acción no se debe imponer, sino que debe ser descubierta por los participantes.

Reflexión: La acción nos debe pedir pensar sobre ella. La CEB nos ayuda a pensar *desde el ángulo de la fe cristiana* y así nos va formado criterios básicos, principios fundamentales, un cuadro mental de referencia y nos va dotando de un cuerpo de doctrina. El plan de Dios-Comunión ayudará mucho a todo esto. Es fundamental. Nuestro pensamiento y nuestra conciencia pasarán de lo ingenuo y alienado a ser pensamiento de persona adulta en la fe.

La CEB debe ayudar a sus participantes a crecer en el *conocimiento crítico* de la realidad y en los criterios cristianos al respecto. La iluminación de la fe se encuentra en la Palabra de Dios: Biblia y documentos de la Iglesia y de los papas y obispos. La CEB nos ayuda a familiarizarnos con estos documentos. También es necesario estudiar lo relacionado con las ciencias humanas como la historia, la antropología, la sicología, la sociología, la economía. No es necesario que hagamos estos estudios muy académicamente, pero sus fundamentos e ideas básicas ayudan mucho al cristiano a poder reflexionar sobre nuestras realidades. Es impresionante conocer personas sencillas que tienen estas ideas bien claras, gracias a un proceso de CEB. En este proceso puede ayudar algún asesor, laico o religioso/a o sacerdote, pero no se debe crear una dependencia de tal asesor. También ayudan publicaciones sencillas sobre estos temas al nivel de las CEB. Esto último es un esfuerzo que se comienza también en los Estados Unidos.

La reflexión incluye la *evaluación*. Esta debe iluminar la acción que se ha realizado. Debe evaluarse si cada persona hizo lo suyo. Pero especialmente debe evaluarse si la acción va en una línea de salvación liberadora. La evaluación es muy decisiva para la acción.

Oración: La liturgia tiene un "hoy", es decir, tiene un sabor y significado especial cada día, según los hechos. La salvación liberadora es la misma, pero tiene su "hoy" en cada día. Así la CEB nos ayudará a celebrar el sacramento y a hacer la oración, no en el aire ni en general, sino dentro de la acción y la reflexión que estamos haciendo.

Acción reflexionada: Hay que seguir en la acción. La obra de la salvación liberadora no se puede detener. Esta acción se va perfeccionando por la reflexión en la fe y la evaluación. Cada evaluación debe también proyectarse hacia adelante en la misma acción mejor hecha y en nuevas acciones. Así la acción de la CEB es cada día más una implementación de la salvación liberadora de Jesús.

En fraternidad: Esa salvación liberadora que damos a los demás es igualmente para nosotros, los miembros de la CEB. La fraternidad creciente nos debe ayudar a ser más comunidad (Capítulo 8).

Abiertos encarnados en la realidad: La fraternidad en acción hace que la CEB esté abierta a los demás, que no se cierre como Caín, o como los grupos en la Torre de Babel (Génesis 11), los cuales se reunieron para ellos únicamente, para tener más poder.

La CEB debe encarnar su acción en las realidades que vive. Así es sacramento de Jesús, instrumento eficaz de salvación. El medicamento es para un dolor concreto. Esa encarnación en la realidad debe colocar a la CEB tanto dentro de los problemas locales como de los problemas más amplios, inclusive los mundiales y viceversa.

Formas sencillas de reuniones: Cuando la CEB ya ha avanzado no necesita normas especiales de reunión. Cuando la CEB comienza cree necesitar muchos reglamentos, pues es lo que ve en otro tipo de organizaciones, pero no hay tal. Busque cómo desarrollar en sí misma y por medio de sus reuniones las funciones de la Comunidad de Jesús. Como una sugerencia ofrecemos ahora un sencillo esquema:

— La hora de comenzar ha de ser puntual, pues los que llegan tarde perjudican a los cumplidos y son causa de desaliento.

— El ambiente inicial, con conversaciones espontáneas, ayuda mucho a entrar en calor de reunión y de fraternidad.

— Informe de la reunión anterior y especialmente informe de la acción propuesta — si se hizo o no y por qué.

— Reflexión: conviene que dos o tres hayan preparado mejor la reflexión y el estudio, pero todos deben participar.

— Proyectos de acción con claras responsabilidades para cada uno.

— Asuntos varios: aquí pueden entrar muchos de los asuntos personales de los participantes y de la comunidad como tal.

— Oración: ojalá muy participada. Evitar la rutina. Puede haber cantos y creatividad.

— Evaluación de esta misma reunión.

— Preparación de la próxima reunión — día y hora precisos (para facilitar la asistencia), casa donde se va a realizar, personas encargadas de la coordinación, reflexión o estudio, oración y de lo demás que se vea necesario.

— La hora de terminar ha de ser puntual.

NOTA: Así quedan incluídos los diversos elementos de la CEB. Pero no quiere decir que este esquema sea fijo. A medida que la CEB crece y se profundiza, el esquema es más variable, sin dejar a un lado ningún aspecto de la CEB. Pero recordemos que lo principal es caminar y caminar cada vez con mejor orientación. "Es en éstas (CEB) donde nacen y se fomentan los líderes futuros". (Segundo Encuentro, Evangelización, 3)

13

LA CEB, LOS MINISTERIOS

"Reconocemos que cada uno de nosotros está llamado a servir a sus semejantes según la diversidad de dones y talentos que nos fue concedida por el Espíritu Santo". "Contemplando las necesidades de nuestro pueblo en las bases, vemos que la formación de pequeñas comunidades eclesiales es primordial para ... conocer los dones que tienen las personas para realizar los diferentes ministerios". (Segundo Encuentro, Ministerios 1 y 2,b)

LOS MINISTERIOS

Ministro quiere decir *servidor,* sirviente. (Marcos 10, 45) Y los ministerios son para servicio de la *salvación liberadora.* (Lucas 4, 18)

Jesús es el único ministro de esa salvación liberadora. El ejercita ese servicio ministerial *por medio* de su Palabra, sus sacramentos y su presencia en lo social, como una *acción conjunta,* y siempre para la *salvación liberadora.*

Jesús entregó ese ministerio *a su Co-*

munidad, (Mateo 28, 18). Por eso la Comunidad de Jesús es servidora y ministerial para la salvación liberadora, por medio de la Palabra, los sacramentos y la pastoral social y en conjunto. "Así preparó a los suyos para los trabajos del ministerio en vista a la construcción del Cuerpo de Cristo". (Efesios 4, 12)

La Comunidad de Jesús ejercita ese ministerio como comunidad y por medio de las personas. Esto lo hace a todos los niveles, en el de base, en el parroquial, diocesano y universal. Hay ministerios jerárquicos (obispo, sacerdote, diácono) y laicales (lector y acólito). Pero en sentido amplio, se toma por ministerio todo servicio en la comunidad, ya que Jesús opera su salvación liberadora no sólo por los anteriormente nombrados, sino por medio de los participantes de la comunidad cuando dan la palabra, preparan y ofrecen los sacramentos y participan en la pastoral social.

En la CEB los participantes *descubren esta visión* del ministerio y saben que Jesús es el único ministro de la salvación liberadora, pero que la realiza por medio de su Comunidad y, en ella, por medio de cada uno de los participantes. También lo hace por medio de la Palabra, los sacramentos y la pastoral social, y no separadamente, sino en conjunto.

En la CEB cada miembro *descubre su ministerior personal,* es decir, descubre en cuál apostolado puede ayudar, según sus cualidades. La CEB da la *formación* a cada participante para ese ministerio preciso, proporcionándole la *formación en la acción* y educándolo en un trabajo de *conjunto.* Las evaluaciones fraternas lo van haciendo crecer, tanto en perfeccionar su ejercicio como especialmente en no perder su objetivo para la salvación liberadora.

La CEB, por su dimensión de pequeña comunidad, puede *cuidar con esmero* el ejercicio y la formación ministerial de cada miembro. Debe hacerlo *progresivamente.* A esto ayuda el comenzar con pequeños servicios durante las reuniones. Así se van venciendo la timidez y el orgullo, y se va adquiriendo confianza personal. Pequeñas tareas fuera de la comunidad también ayudan. Tener éxito en lo pequeño da seguridad. El *estímulo* del grupo es algo muy positivo y educador.

La CEB ofrece *diversas posibilidades* apostólicas ya que debe cumplir con la función profética de la Palabra, sacerdotal de la liturgia y social de la comunidad. Cada uno buscará su sitio. La salvación liberadora no se hace con esas personas "orquestas" que están en todo, impiden a otros participar, se perpetúan en sus puestos, no cuidan su preparación y no hacen ningún progreso. Ya que Jesús actúa en cada miembro de su Comunidad, esto exige mucho cuidado de cada uno, pues hace las veces de Jesús.

• *Prioridades:* Hemos visto que las prioridades pastorales dependen de las circunstancias y sus exigencias. Esto debe ser aplicado en las prioridades de los servicios ministeriales. La intensidad del trabajo y el número de servidores dedicados a él deben cuidar esa exigencia. Un error en esto hace que la comunidad sea infiel a su misión y se haga responsable de las malas consecuencias. Muchas comunidades tienen la experiencia de que la comunicación del mensaje y la presencia en lo social con ese mensaje es *hoy* prioritario. La pastoral litúrgica debe cuidarse también, pero tal vez no con tanta intensidad, por ahora. En varios grupos de cristianos esto no es claro y gastan *todas* sus *pocas* energías en las Misas dominicales y poco o casi nada en la comunicación de la fe y en su presencia salvadora en lo social. Esto hay que revisarlo.

• *Experiencias:* La comunidad no puede encarnarse en cada situación si no hace experiencias. La pereza pastoral, la fuerza de las pequeñas tradiciones, la timidez en la acción, la inseguridad por falta de fundamentos claros e iluminadores, el miedo al error y al fracaso, la carencia de creatividad son algunas de las causas contrarias a las experiencias. La autoridad estructurada no ayuda mucho a esto.

Las experiencias deben gozar de *creatividad pastoral* que se funda por un lado en serios principios y por otro en imaginación. (Pablo VI, 24 de nov. de 1965, al Celam en Roma) Las experiencias deben ser también *acompañadas* en su proceso y *evaluadas*. Es necesario que sean *comunicadas* y aprovechadas por los demás. En este campo de los ministerios es decisivo avanzar mucho o esta hora histórica marcará negativamente a la Iglesia por mucho tiempo.

• *Ministros como laicos:* Es algo providencial para la Iglesia el que las CEB estén formadas en su gran mayoría por laicas y laicos. El sacerdote es parte de la comunidad, sin duda, pero la acumulación de funciones comunitarias en él ya no cumple su finalidad. Cada miembro de las comunidades debe crecer como tal, buscar su apostolado de salvación liberadora, formarse en su desempeño, obrar en conjunto, crear nuevos modelos de servicios. Hay una gran tentación de copiar formas "clericales" de ministerios. Esto es fatal. Lo vemos aun en algunos diáconos permanentes, que son ministros consagrados — muchos de sus fracasos se deben a que copian la forma clerical y aun sus familias se resienten. El hombre y la mujer de la CEB deben encontrar su ministerio como tal. Este será el gran aporte de las CEB a la Iglesia.

• *Educación integral:* Esta educación es un desafío que ha lanzado el Segundo Encuentro Nacional Hispano de Pastoral en Estados Unidos. Los servidores anteriormente descritos sólo podrán responder en la medida en que sean verdaderamente "personas", al decir del documento: "La educación integral considera el crecimiento de la persona orientada hacia la meta de la liberación que implica una libertad auténticamente humana ... Promueve una pedagogía de creatividad, es decir, de personas creativas que sueñan nuevas posibilidades y que luchan por llevarlas a cabo; personas que tienen su propio criterio y que no dependen de otros que les impongan su manera de pensar o actuar. Finalmente, vemos que para tener una plena educación integral tenemos que ser educados en la fe; evangelizados explícitamente a través de la persona de Cristo, de su mensaje, de su Reino. En una palabra: ser evangelizados para evangelizar". (Educación Integral, 1)

14

LA CEB Y LA ESTRUCTURA DE LA IGLESIA

LA DIOCESIS

La CEB *no es otro movimiento* más en la Iglesia, ni es otra organización nueva. Es el nivel primero y básico de la misma Iglesia. La CEB, por lo tanto *está dentro de la Iglesia.* Explícitamente desea trabajar como Iglesia que es, muy unida a los obispos y a lo que constituye la Iglesia.

Por otro lado, no hay duda de que la Iglesia *debe tener alguna estructura* — está compuesta de seres humanos y es visible. El asunto más delicado es *cuál es la estructura* que debe tener la Iglesia. ¿Es la comunidad para la estructura, o es la estructura para el servicio de la comunidad? ¿Es el hombre para el sábado, o es el sábado para el hombre? (Marcos 2, 27) Hay un peligro continuo en que la estructura ahogue a la comunidad, como también de que la comunidad no quiera ninguna estructura. La estructura puede querer ser el centro de la comunidad. En este caso los mecanismos de poder y de control convierten la estructura en un nuevo Caín.

La CEB concretiza, por su parte, una concepción de Iglesia de tipo fraternal, *Iglesia-Comunidad,* Iglesia-Cuerpo de Cristo, Iglesia-Pueblo de Dios. En ella se fortalece la *igualdad fundamental de todos.* La fe y el bautismo los unen a Cristo. El Espíritu anima toda esa comunidad. Las diferencias de nación, sexo, posición social no distancian sino unen. (Gálatas 3, 28) Todos son uno en Cristo. En la comunidad todos son enviados, no sólo unos. Todos son responsables de la Iglesia, no sólo unos. Todos son responsables del mensaje de la Palabra y de la vida sacramental y del testimonio y acción en lo social, no sólo unos.

Esa responsabilidad comunitaria, en un segundo momento, se hace *específica en las diferencias de funciones:* unos cumplen un ministerio, otros cumplen otro ministerio. Todos son iguales, pero no todos hacen las mismas funciones. (Romanos 12 y 1 Corintios 12) (Vaticano II, Constitución sobre la Iglesia, 13) Todos dentro de la comunión.

El obispo, y por su delegación, el párroco, ejercen la función de *servir a la unidad de la comunidad.* La función jerárquica en la Iglesia es esencial. Pero existe para la comunidad. La afirmación del Concilio es bien clara: ''La Iglesia no está verdaderamente formada, no vive plenamente, no es señal perfecta de Cristo entre los hombres, en tanto no exista y trabaje con la Jerarquía un laicado propiamente dicho''. (Misiones, 21)

La Comunidad de Jesús no es ni una monarquía ni una democracia. Va más allá de estas categorías. *La Iglesia es COMUNION.* Comunión es compenetración total de los miembros en una misma visión (fe), en un mismo objetivo (salvación liberadora), en una acción unida (apostolado). Es Jesús, su persona y su obra, quien une la comunidad en esos tres elementos. (Efesios 1, 12-23) (Segundo Encuentro Hispano, Evangelización, 1)

La estructura debe ayudar a esto y no puede reemplazar a Jesús. La jerarquía (y toda la estructura) es servidora de Jesús en el servicio de unidad en la comunidad. La jerarquía (y la estructura) no es para ella misma, sino para la comunidad. La comunidad debe estar en comunión con la jerarquía, y ésta debe estarlo con la comunidad, y dentro de ella. Comunión significa concretamente, digámoslo de nuevo, unidad de visión, de metas y de acción. No es una unidad sólo por la ley, sino algo más profundo. La ley recibe su razón de ser de esta comunidad.

La CEB aparece así como uno de los grandes regalos del Señor a la renovación de la Iglesia-Comunidad. La Iglesia va cada día más hacia la realización de la fraternidad, de la comunidad, de la corresponsabilidad. Esto es lo que ha causado la esperanza del Papa y de tantos obispos en todo el mundo. El trabajo en la CEB está siendo más y más la prioridad en muchas diócesis y conferencias episcopales nacionales.

• *La Parroquia y la CEB:* La parroquia tuvo por mucho tiempo una *dimensión* pequeña. En el mundo rural *no había mucha movilidad* de las gentes. Todos se conocían y se relacionaban dentro de la parroquia. La revolución industrial de mediados del siglo pasado creó las grandes concentraciones urbanas con la aparición de las fábricas. Donde antes había un pequeño poblado se levanta ahora *una gran ciudad.* Por otro lado la movilidad de la gente se aumentó muchísimo. En Estados Unidos casi un 30% de la población se mueve de lugar cada dos años. Todo esto ha creado la masificación, que es la conglomeración de muchedumbres anónimas, donde casi nadie tiene relaciones personales.

La parroquia, por su parte, sigue conservando su antigua estructura dentro de este cambio tan tremendo. Es apenas lógico que la gente ande perdida dentro de ella. Los sacerdotes ya no alcanzan a rendir más. Sólo un pequeño grupo de privilegiados logran los servicios parroquiales. El Delegado del

Papa en los Estados Unidos pudo afirmar ante el episcopado del país que la parroquia, tal como está, ya no puede cumplir su función de transmisora de la fe (nov. 1978).

Se han intentado varios arreglos. La misma Conferencia episcopal ha creado una oficina nacional con la intención de ayudar a la renovación de la parroquia. No podemos ocultar que hay un problema muy serio con la parroquia, pues es lo que se ha tenido como estructura base de la Iglesia.

Los hispanos en los Estados Unidos han estado al margen de las parroquias, en general. Son varias las causas. Algunas parroquias los han acogido y han habido sacerdotes ejemplares en este servicio. Algunas parroquias son ya predominantemente hispanas. Sin embargo, se sigue sintiendo que la estructura parroquial, tal como está, no les funciona. Tal vez hay algo de choques culturales en esto. Pero además es el problema de las muchedumbres que deben ser atendidas y la movilidad inmensa. El problema es para todos.

Más y más hispanos se pasan a iglesias y sectas protestates donde los atienden en pequeños grupos, con más relación personal, con pastores y ambientes hispanos.

La década de los 70 está marcada por la *aparición de las pequeñas Comunidades Eclesiasles de Base* entre los hispanos del país. Tienen rápida acogida. Se multiplican.

El hispano se siente mejor en ese pequeño grupo, se identifica más, crece más en su fe, se puede abrir mejor a los demás, se capacita para servir a su gente. Algunos habían conservado la fe, pero no asistían a la parroquia. Ahora se sienten integrados a la comunidad de fe del Señor Jesús.

Muchas parroquias y muchos sacerdotes *han ayudado* en este providencial trabajo de la CEB. Los frutos que ya se vislumbran les han recompensado su labor. Ellos también, como Pablo VI, ven en las CEB la esperanza de la Iglesia. Comunidades y sacerdotes van descubriendo que esos pequeños grupos llevan dentro el germen de cambios profundos. Descubren esto con gozo y esperanza, y siguen adelante. El Señor les va mostrando nuevas posibilidades.

La parroquia que parte para su renovación desde las pequeñas comunidades va *descubriendo nuevos niveles* de comunicación entre ellas. Aparece, dentro de la parroquia, la coordinación por áreas geográficas, o por semejanzas de situaciones (amistad, trabajo, apostolado parecido). La comunión entre esos sectores va formando de nuevo la parroquia, la cual va apareciendo como la *comunidad de las comunidades de base.* La función que el sacerdote tenía concentrada en él se va desdoblando en comunidades y en sus agentes formados y responsables. El sacerdote se siente más creador de comunidad y las comunidades se sienten más Iglesia.

La parroquia, a su vez, siente la necesidad de continuar este proceso hacia otras parroquias. Aparecen así las *áreas pastorales.* Y estas áreas pastorales en comunión están transfigurando toda la *Iglesia diocesana,* y éstas a la *Iglesia universal.* Esta es la esperanza que vio Pablo VI y que reafirma Juan Pablo II.

Volvamos a descubrir ese granito de mostaza pequeño y sencillo, al cual se asemeja el Reino de Dios-Comunión. (Mateo 13, 31) La CEB se encuentra a un nivel más pequeño que la parroquia, anterior a ella. Y al crecer llega a hacerse arbusto. La parroquia debe buscar su renovación a partir de la CEB y de ésta con todas sus exigencias, características y posibilidades. A veces esto supondrá dolores pero serán dolores de parto. Una nueva vida aparecerá. Este dolor reemplazará al dolor de la agonía, de una vida que dejamos escapar. "Cuando una mujer va a dar a luz, se aflige porque le llega la hora del dolor. Pero cuando nace la criatura, no se acuerda del dolor por su alegría de que un hijo llegó al mundo". (Juan 16, 21)

El Segundo Encuentro Nacional Hispano de Pastoral en Washington, D.C., en agosto del 1977, recogió la voz de más de 100.000 hispanos en más de 12.000 pequeñas comunidades. Allí los hispanos dicen con un clamor que llega al alma: "Queremos que los *obispos* que se han comprometido al concepto de Iglesia anteriormente expresado sean apoyados, y los que no lo han hecho se comprometan a hacerlo, movidos por la fuerza del amor a sus fieles". (Evangelización, 2) Se pide allí mismo "que se formen *equipos móviles* con sacerdotes, religiosas/os y laicos/as, que sean bilingües y multiculturales, y que estén comprometidos a ayudar en la formación de pequeñas comunidades eclesiales". (Evangelización, 3, b) Todo el número 2 del documento sobre ministerios está dedicado a las pequeñas comunidades. Los hispanos dicen allí, con seguridad, que así se llega a "permitir que surjan los líderes y *coordinadores* que harán que estas comunidades crezcan y se desarrollen. RECOMENDAMOS a los ordinarios, párrocos y responsables del apostolado hispano que aceleren la formación de estas pequeñas comunidades eclesiales para la transformación de la parroquia y que se formen estas comunidades en aquellas áreas donde falten". La CEB es una prioridad hispana.

EPILOGO

Volvemos a oír con estremecimiento ese clamor de miles y miles de hispanos, de fe sencilla, de clase humilde, muchas veces marginados en este país, piedras despreciables en las técnicas de esta sociedad. Volvemos a oír su clamor cuando afirman ante los Estados Unidos: *"De esta manera queremos declarar enfáticamente que nos entregamos totalmente a la misión evangelizadora de este país".* (Segundo Encuentro, Evangelización, 1)

No es la fuerza del hispano la que obra. Es la debilidad del hispano con la fuerza del Dios-Comunión la que está creciendo como el granito de mostaza hasta llegar a ser el arbusto donde los demás vengan a posarse.

Es responsabilidad grande, esfuerzo serio, proceso constante. Momento histórico es éste para el hispano y para todos aquellos que tienen ojos para ver y ven, oídos para oír y oyen. Es un mensaje universal que sale desde el pobre para toda persona de buena voluntad.

Preface

In Spanish CEB stands for Basic Ecclesial Community and this is the way we will refer to it in this book — CEB.

In a simple and popular style this book gives suggestions on how to understand and build up the CEB. Later we will publish other books that will deepen our understanding of CEB.

The building of CEB is the work of the Lord. We merely collaborate with him.

The work of the CEB is not to bring a person into a "Catholic organization with rules and regulations." The work of the CEB is real evangelization and makes it possible for people to belong to the community of the Lord.

1

INTRODUCTION

Central Ideas

CEB is not a "course" where we "passively" listen and learn. We all PARTICIPATE. It is the work of "communion" — common-union — one for all and all for one.

We will conquer our passivity with CREATIVITY. Creativity will help us to have "pastoral imagination."

This work is a PROCESS. Each area is related to all the others. They all form a whole. We discover the *reality* in *brotherhood* and *prayer*. *Faith* sheds light on the reality and they both demand commitment and *action*.

Distribution of Services

This will show, in a practical way, what we mean by "participation."

HOW TO MOTIVATE: encourage activity and participation from the very beginning. Help the participants to feel that the community needs services in order to grow. We can call these services "ministries" too. The group does not depend solely on one or two people. The Church-community needs everyone.

2

DISCOVERY OF THE REALITY

Reality Has to Be Known

In the CEB we deal first with interpersonal relations and then go on to discover the reality of the situation. This order is very important in the process. When reality is not taken into account, the result could be something destructive. In order to act, first we must discover reality.

Why Reality Has to Be Discovered Before Acting

It is common sense to do so.

The Bible presents the reality of God working with his people throughout history. God expresses great truths in what he has accomplished.

Jesus stays in touch with reality when he speaks to the people of his time. He talks about the "signs of the times."

Vatican II faces reality head-on. Look at the document *The Church in the Modern World.*

The most faithful pastoral approach to Vatican II also follows this process.

All Hispanics in the United States need to be faithful to this approach — by discovering what is happening, where we came from, where we're going. We need to observe the "signs of the times."

Extension of Reality

Reality does not exist in a vacuum. It exists in space and time.

● In space. Everything influences everything else. You influence your family, your relatives, your neighborhood, and vice versa. Cities influence the county, the state, the region, the country, and vice versa. The whole world is connected by networks of communication.

● In time. The past influences the present and they both help build the future. We are responsible for the history that is made.

Scope of Reality

Reality is complex and encompasses everything.

● The human element. This includes the cultural, social, historical, economic, political aspects.

● The religious element. This is part of the culture, but time should be devoted to it. It includes beliefs, religious traditions, popular ways of expressing worship, devotions, and celebrations.

● The Christian element. This refers to the process of Christian faith. Was there evangelization and conversion? Were the popular ways incorporated into the catechesis and worship? Are there vacuums in the process of faith and the sacraments? To ignore these elements and many others hinders a serious pastoral approach.

Appearances and Causes of Reality: Priorities

If we don't pay attention to reality, or if we look only at the appearances without going deeper into the causes of that reality, we are not looking at the roots of any given problem. This will only lead to a worsening of the problem.

Looking for causes is not easy, but it must be done. Only then will we find solutions which will get to the root of a problem.

We are reeducating ourselves in the CEB to act according to the reality and the causes of that reality. We work by taking PRIORITIES into account.

We Are Making History

This phrase is being echoed by all the Hispanic communities in the United States. We are reeducating ourselves. We have a lot more people involved in the process of conscientization (awareness) and in integral evangelization. We have more and better leaders. We have had the Primero and the Segundo Encuentro Nacional Hispano de Pastoral, as well as hundreds of other "encuentros" at different levels. Strong community organizations have been formed. WE MAKE HISTORY. We benefit from it, but so does the whole country and the Church. We realize the great responsibility we have, and this demands vision, preparation, and organization.

3

GOD-COMMUNION

These ideas are not merely for weekend workshops, but are to be expanded in the ordinary meetings of the communities. When these ideas are used on a weekend they ought to be considered briefly but without leaving out any main points. We are treating the theme more extensively here so that the theme can be better understood in future meetings.

Selfishness, Division

Possibly we have found that one of the great causes of our problems is lack of unity and communication among ourselves. What is this but division? And this division is caused by *selfishness* which makes a person shut himself or herself off from the rest. Here we have racism, discrimination, family misunderstandings, wars, injustice, and every kind of suffering.

At times a *lack of education* is another source of misunderstanding. Education opens one up to the thoughts and feelings of others, subdues selfishness, disciplines the instincts which make one selfish.

Injustice, too, causes division. Some have more than they need; others have almost nothing when we consider their lack of employment, human rights, shelter, food, clothing. What is this but division caused by selfishness of persons, groups, and nations? There are thousands and thousands of problems, but all are caused because *we cut ourselves off from one another, we are selfish, and we divide our forces.*

Creation in Communion

We should ask: what does our faith say about creation? Does our faith have any light to throw on this reality? There are many responses to this problem so central to humanity. Every system, every ideology, every religion has its response. What does the Word of the Lord say about this problem, so basic, grave, and central?

Human beings: Let us open the Bible. In the beginning God says: "Let us make man in our image, after our likeness." And "God created man in his image; in the divine image he created him" (Genesis 1:26-27). Then God said, "It is not good for the man to be alone. I will make a suitable partner for him. The Lord God then built up into a woman the rib that he had taken from the man. When he brought her to the man, the man said: 'This one, at last, is bone of my bones and flesh of my flesh. This one shall be called "woman," for out of "her man" this one has been taken. That is why a man leaves his father and mother and clings to his wife, and the two of them become one body" (Genesis 2:18, 22-24).

God created us distinct but of equal value, one part of another, one for the other, in a COMMON-UNION; he created us different but equal, that is, in COMMUNION. The expression "bone of my bones and flesh of my flesh" is perfect. There is intimate union between human beings. The union of human beings is more important than the difference between sexes. Here the Bible does not speak only of the unity of married people but of the unity of the human race. The unity does not eliminate the difference. No. On the contrary, the unity, the common-union, the communion presupposes the differences. If there were no differences there would be no communion. These differences unite us; they do not separate us. Here is the key to all of creation: everything created is different but united. WE ARE INCOMPLETE and have been created TO COMPLETE EACH OTHER. I need the OTHER in my innermost being and the other needs me. Over and above the difference of sex, race, culture, or economic status we all need each other by the fact of our creation in communion.

The kingdom of God. This world of equality, participation, and brotherhood is the kingdom of God. It is the kingdom which he made, of which he is the center, and all are his sons and daughters and belong to his family. It is the kingdom of love, of justice, of peace. The kingdom is within us because all feel the love of God and neighbor within us. Yet the kingdom is outside of us because the love for this kingdom is felt within society.

Nature. Not just human beings, but the whole universe has been created in communion. The stars and the planets move in perfect unison and coordination. None goes ahead of the rest nor lags behind the rest. The sun sets when it should. All of space, so incredibly vast, is regulated with perfect unity.

And it is the same with nature. Everything in creation is made up of parts except God. All the parts are united. Even where there is no life, as in minerals, there are distinct elements which form the mineral. Every drop of water, for example, is formed from thousands of drops of water. Every drop, no matter how small, is formed from thousands of molecules. These molecules, in their turn, are composed of atoms. The atoms are not simple either, but are made up of elements which are even smaller. All these distinct elements form a unity. Water is oxygen and hydrogen. If these two elements did not form a unity there would be no water. Water is the marvelous result of their communion.

It is the same with plants too. The life of the plant is the result of diverse elements. Every plant is a study in unity. Every part depends on every other part and each part helps the others.

Animals are even more an example of communion. Every animal is the perfection of unity and union. Indeed, the communication and continuity of the animal's life depend on this union. If only one animal of a species survives, the species dies off. Thus also with plants. And we know that the breaking up of even such a tiny thing as an atom can destroy a whole region and leave thousands dead. An atom — so small that it cannot be seen with the naked eye — can destroy a whole city by just being blown apart. The great message for us from nature is unity, union. All was created by God in communion — different but united, distinct but equal.

Especially in human beings this communion is the work of the Lord-Creator. Men are distinct from women but equal, different but of equal value. Every person is a distinct being unto himself or herself, but called to be in communion with the rest, with ANOTHER. Everyone lives his or her own life but incompletely. Everyone is a distinct person but needs others to realize and perpetuate himself or herself.

In the Image of God-communion

"In the divine image he created him; male and female he created them" (Genesis 1:27). Many centuries passed before human beings knew the great reality of God revealed to us by Christ: God is a communion. No thinker or philosopher could ever imagine this great reality. Christ teaches us: "Believe me that I am in the Father and the Father is in me" (John 14:11). "When the Paraclete comes, the Spirit of truth who comes from the Father — and whom I myself will send from the Father — he will bear witness on my behalf. He will not speak on his own, but will speak only what he hears, and will announce to you the things to come. In doing this he will give glory to me, because he will have received from me what he will announce to you. All that the Father has belongs to me. That is why I said that what he will announce to you he will have from me" (John 15:26, 16:13-15). It is total, absolute, and perfect communion. No other communion is equal to it. It is communion in being.

Active communion. Being a communion, God communicates communion. He creates unity. Therefore all creation has that unity, that communion.

Communion of love. Love is the only thing that could bring about such a communion. "But the world must know that I love the Father" (John 14:31) and that "the Father has loved me. . .You will live in my love" (John 15:9-10). This is the love that is communicated by the Lord. "As the Father has loved me, so I have loved you. Live on in my love" (John 15:9). God communicates this love in his creation. He desires that this be the motive for communion between people. Communion between people should not be motivated simply by economic, cultural, political, or social reasons. All these, even though licit and necessary, ought to be backed up by love. God has diffused this love into his creation from the very font of his own love. God is a communion that comes from love.

Inexhaustible communion. If his communion could be exhausted, he would not be God. His communion is infinite forever.

Perfect communion. God's communion is the only perfect communion. All other communions are imitations of it. It is a true *Koinonia,* which is a Greek word easy to remember and which tries to describe how perfectly God is a communion. He is a Being in Communion with himself. Within him there is not the slightest division. He is whole and entire.

A to Z, Alpha and Omega. The beginning and the end. He is the source of all Communion in the universe. He is also the reason for communion. All things and all human beings are in communion to be in communion with him. They come from him in communion and they go back to him in communion. This they do in response to his call to them. This is their vocation — to return to him. This is the working out of the kingdom of God.

The God of Jesus. Many thinkers, speakers, and teachers deal with God the Creator. That is good, but the God of Jesus is a God in communion with himself as well as the Creator of communion. We must not forget this or confuse this God of Jesus with any other idea of God. There is no other God than this God who is a communion. It is a pity that many Christians believe in some other kind of god. We must renew our vision, our faith, our understanding of this God who is a Communion.

Division

Let us continue our reflection from the angle of faith. It has been revealed to us that God is a Communion and has created everything in Communion. Why, then, do we find reality around us and in the whole world so different? Why this division, selfishness, racism, wars, injustice? Why does all this exist? This question is one that is fundamental and most frequently asked. Different systems of thought seek to respond. Different religions try to give an answer. There are religions that do not even attempt an answer. These religions are useless, despicable, weak, and alienating. The question has to be answered because it is a question that produces anguish in the human heart.

The Catholic Church certainly has faced this question, and we will follow the steps the Church takes in attempting an answer. Vatican II stated: "Though mankind today is struck with wonder at its own discoveries and its power, it often raises anxious questions about the current trend of the world, about the meaning of his individual and collective strivings, and about the ultimate destiny of reality and of humanity" (*The Church Today,* 3). "This Council can provide no more eloquent proof of its solidarity with the entire human family with which it is bound up, as well as its respect and love for that family, than by engaging with it in conversation about these various problems. The Council brings to mankind light kindled from the gospel, and puts at its disposal those saving resources which the Church herself, under the guidance of the Holy Spirit, receives from her Founder" (*The Church Today,* 3).

Cain

Freedom. As we said before, when God created the universe he had in mind unity and fixed laws to bring about its communion. When he created man he had in mind the same idea but with a special twist. He wanted human beings to exist in communion always but freely. He wanted people to live in communion freely as a sign that they approved of his plan for them. Human beings could always deviate from this plan, but God wanted them to use their freedom to live in unity and communion, open to each other. Only God himself is sufficient for himself. Only he is total. What happened?

Temptation. Adam and Eve were tempted against this plan of God precisely on this point: they disobeyed this order — to be open to each other. Adam and Eve wanted to be like gods (Genesis 3:5). They closed themselves off from each other. They claimed they did not need each other.

Sin. Adam and Eve sinned. They misused their freedom. They withdrew from each other. They refused to live in communion. They cut themselves off from each other. They wanted to be "like gods," each a god in himself or herself. As a consequence they discovered themselves "naked" (Genesis 3:7). They discovered themselves to be "false" gods. Unlike the true God, they were not in communion.

Fratricide – division. The case of Cain is very revealing. He had been created a brother to Abel, but he refused to be open with him and would not help him. Instead he wanted to kill him and he did. He wanted to be like God, in need of no one but himself (Genesis 4). As the *brother* of Abel,

Cain should have followed the example of God and tried to help Abel develop and become himself. But, interested only in himself, he sought to dominate his brother. In oppressing his brother his disobeyed God, who wanted brotherhood among his sons and daughters. In persecuting his brother he offended the Creator of his brother.

There is only one law: love God and your neighbor. There is only one sin: to offend God and your neighbor. Every good act opens one up to God and to neighbor. Every bad act closes one off from God and from neighbor. There exists only love and hate. All is contained in this. It is very significant how many times Cain is called the brother of Abel in this chapter of the Bible. The Bible wishes us to face reality: WE ARE BROTHERS AND SISTERS. No one is a stranger.

Personal sin and social sin: kingdom of hate. Cain's sin began with a thought. He thought about killing his brother. He conceived this idea in his heart. It was something inside him. Once he accepted this thought he began to act it out. What was once only an idea now became an action. He killed Abel, his brother.

But there is more. From that moment on the oppression of brothers or sisters was accepted in the world and became part of human history. From that moment on fratricide entered the world. This is why we have orphans, widows, the poor. That is to say, brother and sister began to shut themselves off from each other and refused to help each other. This is the SOCIAL DIMENSION OF SIN. Then came laws and systems and structures which would create the kingdom of Cain, the kingdom of hatred, by the oppression of others.

This social element of sin has been somewhat

forgotten. It has not been given much attention in the past nor has much effort been made to correct the situation. However, the Council documents and other documents of the Church have once again brought this social element of sin to the fore.

Total sin. It is the same idea expressed above, but in a different way. It is necessary to point out that this sin against a brother or sister did not remain in the heart of Cain nor was it committed by his hands alone, but spread to all. Now it abounds in everybody. Cain's sin was not just personal. It was also social. And it was not only social but spiritual. This total dimension of sin, this total aspect of sin, of division, of oppression has to be understood if we are to understand salvation.

Fraternal oppression and God's partiality for the oppressed. God's reaction to the oppression of others is made very clear in Genesis 4:9-10. From the very moment when brother oppressed brother and took his life, from that very moment God TOOK THE PART of the victimized brother, of the oppressed, of the poor. "Then the Lord asked Cain, 'Where is your brother Abel? . . . What have you done! . . . Your brother's blood cries out to me from the soil!'" Nothing could be more clear. God is father and mother to all, but he has a preference for the oppressed, the orphan, the widow, and the poor. And, later, this same preference will be echoed through the voice of the prophets: "Still the Israelites groaned and cried out because of their slavery . . . their cry for release went up to God . . . . But the Lord said, 'I have witnessed the affliction of my people in Egypt and have heard their cry of complaint against their slave drivers, so I know well what they are suffering. Therefore I have come down to rescue them from the hands of the Egyptians . . .' " (Exodus 2:23, 3:7-8).

Fraternal oppression and worship of God. That God rejects the worship carried out by those who oppress their brothers and sisters is perfectly clear in Sacred Scripture. The smoke of Cain's offering does not rise up to heaven and its odor displeases God (Genesis 4:3-5). In chapter 1 of Isaiah God's words are terrifying on this point: "What care I for the number of your sacrifices? When you come in to visit me, who asks these things of you? Trample my courts no more! Bring no more worthless offerings; your incense is loathsome to me. Your new moons and festivals I detest . . . When you spread your hands, I close my eyes to you; though you pray the more, I will not listen. Your hands are full of blood! Put away your misdeeds from my eyes; cease doing evil; learn to do good. Make justice your aim; redress the wronged, hear the orphan's plea, defend the widow." Our God is a God of the poor, of the oppressed. He saves all, but the oppressor he will not save unless he ceases the oppression and he will not accept the worship of the oppressor.

Cain in us and in society. Now we understand the message of the Lord and can study the problems we have before us in the light of that message. All evil begins when we close ourselves off from each other. This spirit of Cain is in all of us and in all of society crying out to us as the serpent cried out to Adam and Eve and Cain. Cut yourself off from your brother, your sister. Close yourself off completely from others. Then you will be sufficient unto yourself. God, the Bible, the Church have an explanation for the evil in the world: selfishness which comes from the misuse of freedom in cutting ourselves off from one another.

A cry of anguish – a question. Is this evil so terrible, so powerful that there is no remedy?

Christ, Liberating Savior of the Common-union

The promise. God, who is the author of communion, willed that communion should continue despite the efforts of mankind to divide. Therefore, from the moment of Adam and Eve's fall, he promised a solution. He would send a descendant from them who would crush the head of the evil of division (Genesis 3:15). He continued announcing the coming of this Savior, this Liberator, through the prophets. Isaiah clearly foretold the coming of this Savior. "A shoot shall sprout from the stump of Jesse, and from his roots a bud shall blossom. The Spirit of the Lord shall rest upon him. . . . He shall judge the poor with justice, and decide aright for the land's afflicted" (Isaiah 11:1-4).

This Liberator will come to unite what was divided. "Then the wolf shall be the guest of the lamb, and the leopard shall lie down with the kid. The calf and the young lion shall browse together, with a little child to guide them. The cow and the bear shall be neighbors, together their young shall rest; the lion shall eat hay like the ox. The baby shall play by the cobra's den, and the child lay his hand on the adder's lair" (Isaiah 11:6-8). How beautifully Isaiah describes the work of the Savior, the Liberator! He will come to restore the communion destroyed by men and women. He will liberate people held captive by hatred. He will say: "The Spirit of the Lord is upon me, because the Lord has anointed me. He has sent me to bring glad tidings to the lowly, to heal the brokenhearted, to proclaim liberty to the captives, and release to the prisoners" (Isaiah 61:1).

His life. Angels announce the coming of the Savior: "This day in David's city a savior has been born to you, the Messiah and Lord" (Luke 2:11). He is the same Liberator that Isaiah foretold would come. (See Luke 4:16-19.) He gave proof of his role as Liberator by liberating: "Go and report to John what you have seen and heard," he said, "The poor have the good news preached to them" (Luke 7:22). That he has come to restore communion is clear. "He who is not with me is against me," he said, "and he who does not gather with me scatters" (Luke 11:23).

Jesus is the Son of God in communion with the Father. He became man to free us from our tendency to cut ourselves off from our brothers and sisters, and to transform us into brothers and sisters in communion.

Jesus' commandment: the common-union. "The command I give you is this, that you love one another" (John 15:17). Jesus prays that his followers stay united: "O Father most holy, protect them with your name which you have given me that they may be one, even as we are one" (John 17:11).

Communion will be the proof that Jesus is the Savior, the Son of God: "I pray that they may be one in us, that the world may believe that you sent me. I have given them the glory you gave me that they may be one, as we are one — I living in them, you living in me — that their unity may be complete. So shall the world know that you sent me, and that you loved them as you love me" (John 17:21-23). Jesus came to restore us to communion with each other, to help us go from the kingdom of disunion to the kingdom of communion. "Your own conduct was once of this sort, when these sins were your very life. You must put that aside now: all the anger and quick temper, the malice, the insults, the foul language. Stop lying to one another. What you have done is put aside your old self with its past deeds and put on a new man, one who grows in knowledge as he is formed anew in the image of his Creator. . . . Bear with one another; forgive whatever grievances you have against one another. Forgive as the Lord has forgiven you. Over all these virtues put on love, which binds the rest together and makes them perfect" (Colossians 3:7-15).

Communion and total liberation. As the division of Cain was total — that is, personal (interior and exterior) and social — so the liberation of Jesus is total. He heals the person and society. He heals human hearts by freeing them from selfishness. He heals society by freeing it from laws, traditions, structures, and systems that cause division in the social, cultural, economic, and political fields. Wherever there is division there is Cain. Wherever there is liberation there is Jesus.

His work: the Community. In God's plan the work of Jesus was to bring persons into a common-union, a communion. Then the communion of mankind would be like the communion of God. There would be no division. The kingdom of God here on earth would be as it is in heaven. The Hispanics in the United States have understood this well and therefore have stated in the Proceedings of the II Encuentro that, "The kingdom of God ought to be initiated in small ecclesial communities" (*Evangelization,* 3). We can consider this dimension more fully later. Right now it is important to discover how the community fits into the plan of God for communion.

4

BEGINNINGS OF JESUS' FIRST COMMUNITY — THE BASIC ECCLESIAL COMMUNITY — CEB

Jesus came to bring people into communion with God and each other. Therefore he himself, *in person* begins by calling people together. He begins by calling people into communion.

Let us contemplate the Lord, as John in the first chapter of his Gospel (verse 35 to the end) describes how Jesus called his first disciples together. He calls them one by one and calls them by name (Nathaniel, for instance). He repeatedly tells them to "see" for themselves. He shows them where and how he lives. He treats them as persons, even giving a "new" name to Simon, calling him "Peter," a rock.

They respond to Jesus as a *person*. He is a Galilean, "the son of Joseph of Nazareth." They go with him and see where and how he lives. They begin a process of personal relationships, not perfect in the beginning. Andrew calls Simon, and begins to talk to him about Jesus. Nathaniel begins to express his doubts. Jesus accepts his doubts and praises him.

They begin *to follow* Jesus, the Galilean, as the Lamb of God and Savior, the one announced by the prophets. Little by little the good news of salvation-liberation is explained to them. Later they will grasp it better.

Conclusion. The first community of Jesus was based on interpersonal, fraternal, primary relationships and on Jesus as Messiah and Liberator.

Description of the CEB. Notice that we do not use the word *definition* because a definition places limits on an idea. A description gives the idea a chance to grow.

CEB is a *group of persons* who are *interpersonally related on a fraternal or primary permanent basis.* These people know, love, help each other, and continually deepen their friendship. In this way they dissolve the distance between them. True, they may be engaged in different kinds of occupations, but these differences are absorbed in their concern and love for each other in the CEB. It should be noted that this relationship is a process, imperfect in the beginning, but which grows with time. The number of participants in the group should be small and permanent enough to guarantee this growth. If the number interferes with this close relationship, the group should be divided.

The CEB is a community because it is PERMANENT.

It is BASIC because of the primary relationship among the members.

The CEB is ECCLESIAL or CHRISTIAN because Christ unites its members. *They work with him to bring about the salvation and liberation of all.* They work to eliminate the sin of division and to bring all into communion with God and with each other.

This collaboration with Jesus is very explicit because he is the one who leads the way, showing by word and deed what must be done if this communion is to be realized. The community, to be truly Christian and ecclesial, must do what Christ does and follow his directions. He himself made this very clear in his farewell address. *"Go, therefore, and make disciples of all the nations. Baptize them in the name 'of the Father, and of the Son, and of the Holy Spirit.' Teach them to carry out everything I have commanded you"* (Matthew 28:19-20).

Incarnation. "Go." "As you have sent me into the world, so I have sent them into the world" (John 17-18). God, as a Communion, wished to reorganize his work of communion in the world by means of the Incarnation of his Son. Jesus is God incarnate. That means he is a man like the rest of us, born of a woman, born a Jew. He spoke like the people of his time, worked with them, ate with them, dressed like them. He had the same history and culture as they did; he held no title of distinction. He was like them in all things but sin, which is division he had come to conquer.

Vatican II makes this very clear. "In order to be able to offer all of them the mystery of salvation and life brought by God, the Church must become part of these groups for the same motive which led Christ to bind himself, in virtue of his Incarnation, to the definite social and cultural conditions of those human beings among whom he dwelt" (*Decree on the Missions,* 10).

The Christian community has to be incarnated as Jesus was, in every situation and every age. Each situation and each age demand their own salvation and liberation. Not to understand or to misunderstand the here-and-now situation is to fail in our efforts to save and liberate. We cannot save or liberate a past or future situation. We have to work with the reality before us. In doing so we incarnate ourselves; we become part of the reality. We become the YEAST that ferments it.

The incarnation of the Christian community

within the here-and-now situation ought to be accomplished with gusto and joy. Vatican II urges us to have this attitude: "Let them be familiar with the national and religious traditions (of the people among whom they live), gladly and reverently laying bare the seeds of the Word which lie hidden in them" (*Decree on the Missions,* 11). The Christian community of California has to be of California. True, it will have much in common with the Christian communities of France, England, Florida, Illinois, and New York; but it nevertheless is different and has its own atmosphere. The communities of Chicanos, Mexican-Americans, Puerto Ricans, South Americans, Cubans, Dominicans, and Central Americans have much in common, but every group has its own characteristics which the Christian community ought to absorb. "Let them be joined to these people by esteem and love, and acknowledge themselves to be members of the group among whom they live. Let them share in cultural and social life by the various exchanges and enterprises of human living. Let them be familiar with their national and religious traditions" (*Decree on the Missions,* 11).

This aspect of the incarnation of the ecclesial community is a challenge to our originality and creativity – a challenge met by blending awareness of the here-and-now situation with permanent Christian values.

Prophesy. "Proclaim the good news to all creation" (Mark 16:15). Jesus is the saving and liberating Word of God-Communion. The Word was made flesh and the flesh is the Word. It is not a spoken word, but a living Word. It is this living Word that gives meaning to the spoken word.

That Word *denounces* sin, which is the separation of neighbor from neighbor. That

Word also *announces* the kingdom of God, the kingdom where all are children of the Father, and brothers and sisters. The Word goes beyond sound; it creates and builds the kingdom of God. The Word of God-Communion, Creator of the world, is the same Word that creates God's kingdom.

Thus Jesus gives this Word to his community: "Proclaim the good news to all creation" (Mark 16:15). Now the community itself must be the saving and liberating Word. The community itself preaches. It has received the Word that frees it from division and brings it into communion. The sounds that come from the community are but echoes of the Word who lives within it.

The sounds that come from the community, like those from the original Word, both *denounce* and *announce*. The community will discover the sin of Cain hiding behind the curtains of culture when one culture dominates another. It will find this sin in homes, in schools, in government, and in the news media. In the United States 80 percent of the TV programs are based on violence. The educational system is based on competition. Many do not see the sin of Cain lurking in these places; but the Christian community turns the spotlight on them in order to *denounce* them.

But more important than this *denouncement* is the *announcement* of the kingdom of God that the Christian community makes by its way of living. Indeed, the community of Jesus reveals another way of life, another kind of society with true brothers and sisters living with God as their Father here on earth.

Liturgical and sacramental pastoral work. "Baptize those who believe." Whoever has heard and believed the saving message of liberation of

Jesus can receive the sacrament of Baptism, which introduces us into the community of Jesus. Afterwards, the other sacraments can be received. Through these sacraments the community receives the effects of the saving work of Jesus.

This supposes that those who receive the sacraments do so because they had first received the Word. This approach forces us to rethink the relationship between Word and sacrament. Today we have the practice of receiving the sacraments without demanding faith. This has to be reversed.

The center of liturgical life is the Eucharist. All the activity of the Church ends and begins with the Eucharist. The Eucharist is a *sign:* the world ought to be modeled on the Eucharist. The bread is a symbol of all that a human being needs. It is a sign of the Liberator who comes to straighten out inequalities.

The Eucharist is a *reality.* The bread that we eat is Jesus himself. Thus he himself gives us the power to transform this world, to make it into an ideal banquet.

All the other sacraments and even prayers are related to the Eucharist as their center.

Pastoral social aspect. "Teach them all that I have commanded you." Life for Christians and non-Christians is the same — childhood, youth, adulthood, old age, marriage, work, school, politics, economics, culture, history, clothing, shelter, food. Life can be lived in two ways, either through competition and force or with love and understanding.

Jesus' community lives in communion with all other communities. Chapters 9, 10, and 11 of the Acts show us how the first community of Jesus worked with communities.

The community lived in union with the Apostles. The members listened to them, revealed to them their worries, and together with them lived a community life. A good example of this is in chapter 6 of the Acts. This unity with the Apostles is not physical; they did not live with them. It was a spiritual union in the same faith and the same mission. It was a mutual union, not only on the part of the community, but the Apostles as well.

Jesus' community does all that other people do, but in a distinct way. How? The members live in communion. They share their love, their problems, their joys. That is the difference. And this makes all the difference because sharing is difficult. Sharing goes against our selfish inclinations and against all that we see going on around us and the system under which we live. It was for this reason that Jesus gave us his Word and his sacraments — to help us live as he lived in communion with God and neighbor. The kingdom of God-Communion becomes a reality in these human groups, and it is necessary that the Church live in them. (Read numbers 11, 12, and 15 of the *Decree on the Missions*.)

The first Christian communities lived in close communion and shared what they had with one heart. They remained faithful to the Word and the teaching of the Apostles. They celebrated the Eucharist in their homes and praised God. They made sure no one was in need of anything. People saw how they lived and were astonished. It was no wonder, then, that God gathered more and more people into these communities.

Conclusion

The CEB is a gathering of persons related personally and permanently to each other. Its purpose is to follow Jesus and to work with him for the salvation and liberation of all. The CEB is incarnated into the flesh and blood of each situation in a definite period of time. It receives and gives the Word of God, as well as the sacraments. In communion with other CEB groups and with the bishop, it transforms the total here-and-now situation in which it finds itself. It is like yeast which transforms dough into bread.

In a wide sense, any Christian group that meets and engages in the apostolate is Church. But the CEB is Church in the strict sense. Because of its small size it can be incarnated into every situation as Jesus is. It receives and gives the Word and the sacraments. It struggles to save and liberate all of reality, personal and social, as Jesus does. It seeks ways of working with other communities together with the bishop to whom they are united, even though because of their small size, they are not near him physically.

In other words, all that makes the Church "Church" can be found in the CEB. A comparison might help to understand this. A piece of bread contains everything that makes bread "bread" — wheat, salt, butter, etc. So does the CEB contain all that makes the Church "Church." It is the community of Jesus on the local level.

The CEB and the poor. It is clear that the Church works for the salvation and liberation of all people. But it is also clear that the Church has a preference for the poor. In our previous reflections we saw that when Cain killed Abel God took the part of Abel.

Who are the poor? This is a question that must be pondered by the Christian communities. To get some idea, let us say here that the "poor" person is the "other," the one who is different, the one who is not yet fulfilled, who is still in need, the orphan — without father or mother — the widow or widower, the one who suffers, the one without food, clothing, shelter, freedom (Matthew 25), the addict, the castoff from family or society. That POOR person gets God's attention and that of the community of Jesus. And there's more: the rich will be saved only with the POOR. Jesus' community — by having preference for the poor — shows that there is salvation only with the poor; for Jesus is with the poor and there is no salvation outside of him. Being with the poor is fundamentally what makes the CEB "basic," humble, lowly. Any description of the CEB has to include this preference for the poor, since this same preference is one of the characteristics of the Church.

Jesus said this is a hard thing to accept. Only Christian communities who have put themselves through a long, hard process of faith growth, actually living with poverty, have been able to rediscover this truth so clearly put forth in Scripture and in Christian communities through the ages. The poor can be easily forgotten. The poor of the United States are invisible to most of its citizens. The United States helps people of the Third World, the world of the poor, but does not see the Third World within its own borders. We are called to open our eyes and ears and rediscover the poor in our midst. The Hispanics have made a clear option for the poor during the *Segundo Encuentro* in 1977.

5

THE GALILEAN, MODEL OF THE CEB

Identity of Jesus. Jesus belonged to a *race* that was despised. He was Jewish. He came from Galilee, a frontier region where there were many cultural clashes. His people were bilingual, speaking Hebrew and Aramaic, but with an accent of their own. Their level of education was low.

As a *person* he was born in a stable. He lived poorly. He died and was buried in a sepulcher not his own. He was exiled as a child. He was an orphan. His mother was a widow. He was an ordinary laborer. His family, relatives, and friends were poor and without influence. He preferred the company of the simple and the lowly. He spoke their language. He was persecuted because of his doctrine about God and the poor. He was accused and few defended him. He was abandoned by his closest friends.

He was very clear about his *mission* — he came to establish the kingdom of God-Communion, God as Father and Mother to us all, and all of us as brothers and sisters in communion with each other.

Jesus on the march. Jesus proclaimed the kingdom of God wherever and however he could, but especially in Jerusalem. Jerusalem was the religious and political center of the people and it was precisely there that selfishness and hatred flourished and was nourished. It was there that the powerful gathered and plotted to crush the feeble and the weak, even Jesus himself. His disciples feared Jerusalem. But Jesus knew that he had to go to Jerusalem and there he went and was crucified, as the prophets had foreseen. Only three of his disciples stayed with him to the end. With the exception of John all the disciples who stayed with him until his death were women — one of them his mother.

Glorification of Jesus. After his death on the Cross, God raised up the Galilean in his kingdom, approved of his person, his doctrine, and his work. God showed that there is no salvation, no liberation outside of this poor Galilean. God gathered a group of other saviors around the Galilean: OTHER GALILEANS. Women (like Mary) and poor, simple men in Galilean communities lived a life different from the life of a Roman and from the life of even the "religious" Jews of those days. The life of these communities was a life of communion. Those days have gone, but the life-style of Jesus the Galilean lives on.

Characteristics of the Galilean. Jesus is a *person* with a definite identity and a firm will. He is the founder and organizer of a *community*. He is the *herald* of the Good News of the kingdom of God and the *prophet* of that kingdom. He *took on the flesh* of the human race and lived out his life in the concrete situation in which he found himself. He *accepted* people and situations as he found them. He prepared and sent others as *ministers* of the kingdom of God. From his mother he learned much, and with *Mary* and Joseph he formed the first Christian community. Although he suffered, he suffered with joy, and he encouraged his followers to be optimistic and jubilant. He was always on the march and on his way to the realization of the kingdom of God.

The Church that the Hispanics want. We feel that our situation in the United States is very much like the situation of Jesus in Palestine. We have discovered that he was like us — and that we are like him — poor, simple, on the margin of society. We realize that we ourselves are our greatest enemies because of our laziness, our lives of comfort, our inconstancy.

But the same God who helped Mary will help us. The same God who helped Jesus and even raised him from the dead will raise us up and enable us to form many Galilean communities in this country — communities that will be living signs of the kingdom of God.

Therefore, we want to build a community with the same characteristics that he had — a Church founded on persons; a true basic community, a community that will proclaim the kingdom of God; a prophetic community for this country; the poor; those involved in the here-and-now situation of the United States in this hour of decision; a community open to all cultures; a community of service where all work with Jesus that God may establish his kingdom on earth; a community united with Mary as we traditionally see her; a community working with Jesus for the salvation and liberation of all; a community full of the enthusiasm that those within the kingdom of God enjoy.

6

HOW TO START AND DEVELOP THE CEB

CEB has no foolproof formulas, but it does have guidelines based on what the CEB should be. Experience also helps here.

The important thing is *to begin.* Getting a group of friends, neighbors, and acquaintances together and making an effort to start growing in understanding each other is what counts.

There has to be a *common interest.* When people get together for some common interest they learn to grow together. The interest of the group should not be made up for the occasion; it should already exist. It can be as simple as getting together to say the rosary or read the Bible, to take care of a problem in the neighborhood, or to deal with a question of social justice. The process will then begin and will lead to an explicit acceptance of Christ and his work of liberation.

What we call *search* should be the most important quality exhibited by the participants. They should always be open to the process. This search demands *creativity,* another important quality of the CEB and its methodology. This creativity ought to be founded on principles that the members of the CEB have discovered for themselves by responding to the here-and-now situation.

Elements of the CEB methodology. The methodology of the CEB is based on the people themselves and the CEB as a group. It is made up of ACTION — REFLECTION — PRAYER — REFLECTED ACTION — in a spirit of FRATERNITY — and OPEN TO THE HERE-AND-NOW SITUATION.

Action: From the very beginning the group must be action-oriented, and the action must be oriented toward the liberation work of Jesus. They must begin by doing something, because action opens up the group and forces the members to reflect on what they are doing and how their actions fit into the liberating work of Jesus. It is very important that all the people in the group feel responsible for the joint action and that each one actually shares in the work. This action is not to be made up artificially just to have something to do. It should arise from the needs of the people within the group.

Reflection: Reflection follows action. The CEB helps us to see things *from the viewpoint of faith.* It demands that we form basic convictions, fundamental principles, a mental picture of reference based not on a catechism but on the experiences of everyday life. Viewing God as a communion of persons will help greatly. Our thinking and our consciousness will pass from the infant and self-centered stage to the more mature stages of an adult person of faith.

The CEB should help each member of the group to reach a *critical awareness* of what is going on and to an awareness of Christian principles that have a bearing on the situation. These principles can be found in the Bible, the documents of the Church and of the popes and bishops. The CEB will help us become familiar with these documents. It is also necessary to study the relationship of the human sciences — history, anthropology, psychology, sociology, and economics. It is not necessary, however, to go into these subjects too deeply, but their basic ideas will help us to weigh thoughtfully what is happening in our world. It is indeed very rewarding to find simple people who have these ideas clearly implanted in their minds through the process of the CEB. In this process a person who is qualified and experienced — a lay person, religious, or priest — can be of great value; but we should not depend so much on such persons that we are helpless when they are absent. Books, pamphlets, and other visual aids of a simple nature dealing with the themes of the CEB can be of great help. These are beginning to be produced in the United States.

Included in the process of reflection is what is called *evaluation.* The action that has been taken has to be evaluated to see if everyone has shared in the process and done his or her part. In particular it should examine whether the action was truly in line with the saving liberation work of Jesus. This evaluation is very necessary to keep the activity of the group *real.*

Prayer: Our liturgy each day has its own flavor, its own meaning. The same is true of the saving and liberating work of Jesus. His work today is not his work of yesterday. He works within the context of what is needed today. The CEB will help us integrate our work with his work "today." We will celebrate the sacraments and pray, not in a vacuum or in general or in the past, but within the action and the reflection on the action that we are involved with today.

Reflected action: Action that has been reflected upon continues the action that has begun. The liberating work of Jesus must go on, and it does so more perfectly after it has been reflected on and evaluated. Every evaluation pushes us forward with better and newer ways of doing what we have been doing — implementing the liberating work of Jesus.

In friendship: By implementing Jesus' work of liberation in the CEB we help not only others but ourselves as well. In friendship we deepen our relationship as brothers and sisters. We progress from the "meeting," "group," and "team" stage to that of a true community in which heart speaks to heart. Our growth into a communion is there for all to see.

Open to the here-and-now situation: This friendship in the CEB keeps us open to others, not closed in on ourselves, like Cain or like the groups that surrounded the Tower of Babel (Genesis 11), each clinging to its own culture and language to the exclusion of all others, each trying to dominate the others. The CEB acts where it lives, as Jesus acted where he lived. As medicine is used to cure real and actual ailments, so the CEB tries to be the medicine that will help heal local as well as world problems.

Simple meetings: Once started, the CEB does not need a lot of rules and regulations. If it does, it is no longer a CEB but some other kind of organization. All the CEB needs for growth is to keep trying to become the community of Jesus. Here are a few suggestions that will help us become that kind of community:

— The meeting should start on time. Coming in late disrupts the process of the meeting.

— A pleasant atmosphere helps to get the meeting started and fosters warmth among the participants.

— There should be a report of the previous meeting and of the proposed action — was it carried out or not, and if not, why not?

— Make sure that two or three people are properly prepared to help in the reflection and study; but, of course, everyone should participate.

— Proposals for action should be made with specific responsibility assigned to each person.

— Discussion of various items: many concerns, both personal and communal, can be dealt with here.

— Prayer: All should try to participate. Avoid routine prayer if possible.

— Evaluate the meeting just held.

— Preparation for the next meeting: fix the day and the time; assign the persons who will be in charge of coordination, reflection, research, prayer, and anything else that is necessary.

— End the meeting on time.

NOTE: Here we have presented some of the things that must be considered in the CEB, but we are not saying that this has to be done in just this way. We are not setting up a "fixed" way of doing things. As the CEB grows and deepens in its relationships, the way of doing things will vary without its ceasing to be a CEB. Be ready to change, but change always for the better. "In these (CEB) the leaders of the future are born and formed" *(Segundo Encuentro, Evangelization,* 3).

7

MINISTRIES IN THE CEB

"We recognize that each one of us is called to serve our neighbors according to the diversity of gifts and talents given to us by the Holy Spirit . . . Reflecting on the needs of our people at the grassroots, we see that the formation of basic Christian communities is a priority whose purpose is to recognize the different gifts that persons possess for the different ministries" *(Segundo Encuentro, Ministries,* 1 and 2b).

The word *minister* comes from a Latin word meaning *servant* (see Mark 10:45). Ministers share in the *liberation work of Jesus,* and Jesus carries on this work *by means of* Word and sacrament and by his own presence in the social and *joint action* of the community. He prepared his followers to work "in roles of service for the faithful to build up the Body of Christ" (Ephesians 4:12).

Jesus' community exercises this ministry as community and through people. This it does at all levels — the base, the parish, the diocese, and the entire world. There are hierarchical ministers (bishops, priests, deacons) and lay ministers (lectors and acolytes); but in the wide sense, any service rendered by a member of the community is a ministry of Jesus who is already at work within the community.

In the CEB the members *discover this vision* of ministry. They know that Jesus is the only minister of liberation, but that he exercises his ministry within the community and through each of its members. What Jesus does through the Word, sacraments, and pastoral action is not done separately from the community.

In the CEB every member *discovers his or her own personal ministry,* that is, discovers where his or her talents can be used to the greatest advantage. In the CEB each person receives in-service *training* in the exercise of the ministry. The fraternal evaluation will enable each member to perfect the ministry and keep working toward the goal of liberation begun by Jesus.

Because it is small, the CEB can give each minister individual help in ministry. And this can be done gradually. Each one can begin with tasks within his or her competence, thus overcoming timidity and pride, and growing in confidence. Tasks within their competence that can be performed outside of the CEB can also help. Success in these tasks will build up confidence. The encouragement of the group is a positive and instructive help.

Priorities. We have seen that pastoral priorities depend upon circumstances and the needs of the community. This fact ought to be taken into consideration in ministry. The needs determine the intensity of the work and the number of services to be rendered. A mistake here could cause a great deal of trouble. Sometimes the liturgy is given too much attention and all the energy of the community is concentrated on the Sunday Mass and *little* or *nothing* is done to communicate the word of liberation to society. This has to be rethought.

Experiences. The community cannot carry on the work of Jesus without experiencing people's problems. Pastoral laziness, the force of tradition, timidity, insecurity, lack of fundamental information and principles, fear of making a mistake, fear of ultimate failure, the lack of creativity are some of the things that can be overcome by this experience.

Experience develops *pastoral creativity* which is founded on serious principles and the use of imagination (Paul VI to CELAM in Rome on November 24, 1965).

Experience ought to be *part of the process* and should be *evaluated.* The experience should be *communicated* to and should profit others. It is decisive that we move forward in this field of ministry, but we must realize that it will be difficult.

Lay ministers. It is providential that the CEB is made up, to a great extent, of lay people. There are many roles in the community that are not "clerical." It would be fatal to follow the "clerical" style of ministry. Some deacons have tried copying a clerical style of life with disastrous consequences, and even their own families resent this attitude. Men and women exercising ministry in the CEB ought to do so as lay persons.

Education of the whole person. "As hispanos we wish to present to this country's educators the challenge posed by an integral education for our people as well as for all other ethnic-cultural groups. We describe integral education as that which: a) takes into account the totality of the person and not just those aspects useful to society; b) considers the growth of the person as oriented toward the goal of liberation, which implies an authentic human freedom (*Populorum Progressio,* 14); c) promotes a pedagogy of creativity, that is, forms creative persons who dream new possibilities and struggle to carry them through to fulfillment. Finally, we see that in order to achieve an integral education, we must be educated in faith, explicitly evangelized through the person of Christ, through his message, his kingdom; in a word, to evangelize we must first be evangelized" (II Enc., Integral Education, 1).

8

THE CEB AND THE STRUCTURE OF THE CHURCH

The Diocese

The CEB is *not another movement* or another new organization in the Church. It is the primary and basic level of the Church itself and works united with the bishops and all that go to make up the Church.

The Church *has to be structured* because it is made up of visible human beings. But we must ask: *What kind of structure does it have?* Does the community exist for the sake of the structure or does the structure exist for the sake of the community? Does man exist for the sake of the Sabbath or does the Sabbath exist for the sake of man? (See Mark 2:27.) There is always the danger that the structure will choke the community or that the community will reject the structure. If the structure is used as a center of power to control the community, the structure becomes a new "Cain."

The CEB is, however, a fraternal community, the *Church-Communion,* the Body of Christ in whom all are *equal as far as fundamental rights* of human beings are concerned. Faith and Baptism unite them all to Christ. The Holy Spirit is in each of them and in all of them. The differences of nationality, sex, social position are not sources of division, but union (Galatians 3:28). All are one in Christ. All, not just some in the community, are "sent" out on mission. All, not just some, are responsible for spreading the message of the Word, for seeing that the sacraments reach all, and for the social action of the community.

This common responsibility is what brings about specific functions. Some perform this function, others perform another function. All are equal, but all do not do the same thing. (See Romans 12 and 1 Corinthians 12, also the *Constitution on the Church,* 13.) The *bishops* and the pastors *unite the community,* and this function is essential for the Church. The hierarchy exists for the sake of the community. The Second Vatican Council was very clear on this point. "The Church has not been truly established, and is not yet fully alive, nor is it a perfect sign of Christ among men, unless there exists a laity worthy of the name working along with the hierarchy" *(Decree on the Missions,* 21).

Jesus' community is neither a monarchy nor a democracy. It is a COMMUNION. Communion means sharing; and the members of the community of Jesus share one vision (faith), one purpose (salvation, liberation), and one united activity (apostolate). It is Jesus himself, by his person and his work, who unites the community. (See Ephesians 1:12-23 and *Segundo Encuentro, Evangelization,* 1.)

The structure should not take the place of Jesus. The hierarchical structure exists for the sake of Jesus and his community. It exists to help hold the community of Jesus together in a communion of vision, of goals, and actions. Hence, the hierarchical structure and the CEB must also live in communion with each other. They are the Lord's gifts to each other. They need each other. This is what popes, bishops, and pastors everywhere are beginning to realize. The CEB has become the priority in many dioceses and in many national conferences of bishops throughout the world.

The Parish

Early parishes in the Church were *small*. In rural sections of the country people *did not move around very much*. Everybody stayed at home, and everybody knew everybody else in the parish. Then came the great industrial revolution in the middle of the past century. Great crowds of people began to live around factories and *big cities* began to form. People began to move from city to city looking for work. In the United States today 30 percent of the population move every two years. All of this gathering in huge cities and moving about has created masses of people who live close to each other but who do not know each other on a personal basis at all.

The parish, for its part, has kept its old structure. It still is structured as if it was meant to take care of a small group. The priests cannot possibly take care of the crowds that live within the borders of the parish. They can take care of only a few. The rest mill around within the borders of the parish, lost. The Apostolic Delegate said to the bishops of the United States, in November 1978, that the parishes, as they now exist in this country, cannot transmit the faith to the people. *Various solutions to overcome this problem have been tried.* The Bishops' Conference has created a national office to help renew parish life. We cannot hide from the fact that parishes do face a very serious problem.

Due to various causes, *many Hispanics in the United States* live only on the fringe of these parishes. Some parishes have accepted them and some priests have dedicated their services to them. Indeed, some parishes are mostly Hispanic. However, the parish structure, as it is, still does not serve them well. Perhaps there are some cultural clashes involved here, but still the problem exists for many who should belong to the parish. More and more, Hispanics are joining churches where the groups are smaller, where there are more personal relationships, and where the pastors and the atmosphere are more Hispanic-oriented.

The decade of the seventies marked the *appearance of the basic ecclesial communities* among the Hispanics of this country. They caught on rapidly and they multiplied. The Hispanic felt more at home in a small group — more himself or herself — grew in faith, opened up, and began to be of service to others.

Many parishes and priests *have helped* in this providential work. They now reap the rewards of their labors. Like Paul VI, they see the CEB as the hope of the Church. Communities and priests are discovering within these small groups the beginnings of great changes. They discover this with joy and hope and continue pushing forward. The Lord is opening the future for them.

We are rediscovering in the mustard seed spoken of by Jesus (Matthew 13:31) the sign of the kingdom of God, who is a communion. The CEB is the simple, little mustard seed. As it grows within the parish, it reveals the kingdom of God. The parish would do well to foster the growth of these seeds. This may cause pain, the pain of giving birth. "When a woman is in labor, she is sad that her time has come. When she has borne her child, she no longer remembers her pain for joy that a man has been born into the world" (John 16:21).

The *Segundo Encuentro Nacional Hispano de Pastoral,* held in Washington in August 1977, listened to the voice of more than 100,000 Hispanics in more than 12,000 small communities. These Hispanics spoke from their hearts, saying: "We support *bishops* who have committed themselves to the concept of Church expressed here and urge those who have not done so to commit themselves, impelled by their love for the faithful" *(Evangelization,* 2). The Hispanics also requested "That we establish *interregional and interdiocesan* pastoral teams, composed of priests, deacons, religious, and laity who are bilingual and multicultural and who are committed to help in the formation of basic Christian communities according to the actual local needs, understanding that responsibility for the formation of these small communities remains at the local level" *(Evangelization,* 3b). All of part two in the section on *Ministry* deals with ministry in relation to these basic ecclesial communities. There it is stated that the CEB is a priority "to bring to light the leaders and *coordinators* who will promote the growth and development of these communities. We recommend that ordinaries, pastors, and those responsible for the Hispanic apostolate accelerate the formation of these basic Christian communities for the transformation of the parish and that these communities be established where they are needed" *(Ministries for Evangelization,* 2d).

Epilogue

We hear again this cry of thousands and thousands of Hispanics of simple faith, of humble status, often on the outskirts of society, stones rejected in this age of technology. We hear them as they stand on this land in these

United States and affirm before the world that, "We wish to declare emphatically that we commit ourselves totally to the evangelizing mission of the Church in this country" *(Evangelization, 1)*.

The Hispanic speaks not from a sense of power but from a sense of weakness that is supported by the power of God — the God who turns mustard seeds into trees where all can find shelter.

The responsibility is great and it is ours. The struggle is fierce, but the process goes on. This is an historic moment for the Hispanic and for all who have eyes that see and ears that hear. It is a universal message that comes from the poor to all people of good will.